200
recetas económicas

200

recetas económicas

BLUME

Sunil Vijayakar

BLUME

Título original:
200 budget meals

Traducción:
Pilar Laura Morate Guerrero

Revisión técnica de la edición en lengua española:
Eneida García Odriozola
Cocinera profesional
(Centro de formación de cocineros y pasteleros de Barcelona Bell Art)
Especialista en temas culinarios

Coordinación de la edición en lengua española:
Cristina Rodríguez Fischer

Primera edición en lengua española 2011

© 2011 Naturart, S. A. Editado por BLUME
Av. Mare de Déu de Lorda, 20
08034 Barcelona
Tel. 93 205 40 00 Fax 93 205 14 41
e-mail: info@blume.net
© 2008 Octopus Publishing Group, Londres

ISBN: 978-84-8076-954-9
Depósito legal: B-6.407-2011
Impreso en Tallers Gràfics Soler, S.A.,
Esplugues de Llobregat (Barcelona)

WWW.BLUME.NET

En las recetas que se presentan en este libro se utilizan
medidas de cuchara estándar. Una cucharada equivale
a 15 ml; una cucharadita equivale a 5 ml.

El horno debería precalentarse a la temperatura requerida; siga siempre
las instrucciones que marca su horno.

Las autoridades sanitarias aconsejan no consumir huevos crudos. Este libro
incluye algunas recetas en las que se utilizan huevos crudos o poco cocinados.
Resulta recomendable y prudente que las personas vulnerables, tales como
mujeres embarazadas, madres en periodo de lactancia, minusválidos, ancianos,
bebés y niños en edad preescolar, eviten el consumo de los platos preparados
con huevos crudos o poco cocinados. Una vez preparados, estos platos
deben mantenerse refrigerados y consumirse rápidamente.

Este libro incluye recetas preparadas con frutos secos y derivados de
los mismos. Es aconsejable que las personas que son propensas a sufrir
reacciones alérgicas por el consumo de los frutos secos y sus derivados,
o bien las personas más vulnerables (como las que se indican en el párrafo
anterior), eviten los platos preparados con estos productos. Compruebe
también las etiquetas de los productos que adquiera para preparar los alimentos.

Este libro se ha impreso sobre papel manufacturado con materia prima procedente
de bosques sostenibles. En la producción de nuestros libros procuramos, con
el máximo empeño, cumplir con los requisitos medioambientales que promueven
la conservación y el uso sostenible de los bosques, en especial de los bosques
primarios. Asimismo, en nuestra preocupación por el planeta, intentamos emplear
al máximo materiales reciclados, y solicitamos a nuestros proveedores que usen
materiales de manufactura cuya fabricación esté libre de cloro elemental (ECF)
o de metales pesados, entre otros.

contenido

introducción

introducción

Ahorrar no significa dejar de disfrutar de exquisitos platos dignos de los paladares más exigentes. Esta sensacional colección de recetas está dirigida a personas ocupadas que buscan ingredientes de calidad, pero sin que ello implique un gran dispendio económico. En este libro el lector encontrará desde sencillos entrantes y aperitivos hasta saludables ensaladas, recetas vegetarianas, platos principales y opíparos postres. Por ello, si busca una receta verdaderamente económica, en las páginas siguientes encontrará propuestas gastronómicas que le harán disfrutar de la buena mesa.

platos fabulosos y económicos

El secreto para elaborar deliciosas recetas reside en la elección de la materia prima. Si escoge

ingredientes de buena calidad, es difícil errar en el resultado final. Y la clave está en que la calidad no tiene por qué suponer un gasto adicional en su presupuesto. Si está al tanto de qué productos busca y dónde encontrarlos, resulta francamente sencillo adquirir ingredientes fantásticos y a buen precio. Así pues, ¿cuál es el secreto?

invertir un poco más para gastar menos

En ocasiones, vale la pena invertir un poco más para adquirir un ingrediente más caro, porque, a la larga, necesitará menos cantidad para aderezar sus platos. Por ejemplo, un buen parmesano o un auténtico cheddar pueden ser más caros que un suave queso de vaca, pero su sabor es tan delicioso e intenso que sólo precisará emplear una pequeña cantidad en sus recetas. Si, por ejemplo, elabora una salsa de queso, necesitará menos cantidad de un queso considerado caro para conseguir una deliciosa salsa, cosa que no lograría con un queso más suave e insípido; por tanto, peso por peso y precio por precio, comprar un parmesano o un cheddar resulta una mejor inversión.

escoja con criterio: carnes y aves

Estos ingredientes pueden hacer que su presupuesto se dispare, pero una compra inteligente da lugar a suculentas recetas que no cuestan tanto dinero. Cuando se trata de comer de manera económica –y resuelta– la carne picada es siempre una gran elección, porque es muy versátil, a la par que económica y rápida de preparar, perfecta

para albóndigas, kebabs, salsas, currys y horneados, por citar algunos ejemplos. Pero también existen otros despieces que están bien de precio y que resultan igualmente buenos. La carne de cerdo, por lo general, suele ser asequible, y las chuletas de cerdo se presentan como una buena elección; asimismo, otras opciones, como un bistec de ternera, pueden no resultar tan caras en función de la receta que vaya a preparar. Por ejemplo, escoja un pequeño pedazo de solomillo de ternera, córtelo en finísimas lonchas y, a continuación, rehóguelo con una generosa selección de hortalizas y conseguirá una exquisita receta con una sabrosa carne por muy poco dinero.

Tanto la carne como las aves pueden cundir más si se completan con otros ingredientes más económicos como judías, arroz, pasta y fideos. Tal es el caso de los fideos de arroz con pollo al limón (*véase* pág. 144), o la cazuela rápida de salchichas con judías (*véase* pág. 146). Y también

puede reducir costes con las aves comprando la pieza entera y cortándola usted mismo, en lugar de adquirirla ya troceada. Otra opción es comprar a granel partes del ave más económicas, como las alas o los muslos, y congelar algunas raciones para otra ocasión. Estas piezas puede incluirlas en deliciosas recetas como el pollo rápido al curry (*véase* pág. 132), o el pollo *tandoori* (*véase* pág. 156).

escoja con criterio: pescados y mariscos

Como ocurre con las carnes y las aves, los pescados y mariscos pueden resultar algo caros; por tanto, compre únicamente aquello que tenga buen aspecto y ofrezca un mejor precio. Es conveniente consumir los pescados y mariscos el mismo día de su compra y deben hallarse en óptimas condiciones; así pues, escoja pescado fresco, fíjese si las escamas y los ojos ofrecen un aspecto brillante y si la carne parece firme. Por regla general, evite comprar pescado los lunes. Los pescados que reúnen una buena relación calidad-precio son el salmón, la trucha, las sardinas y la caballa. A pesar de que algunos mariscos y frutos del mar, como el bogavante o la langosta, resultan caros, otros, como los mejillones o calamares, son relativamente baratos y fáciles de cocinar, versátiles y deliciosos.

adquiera productos de temporada

La fruta fresca, las verduras y las hortalizas están en su máximo esplendor si se compran a su debido tiempo. Maduras, suculentas, dulces y jugosas no sólo prometen un inmejorable sabor, sino que también abundan en los establecimientos, por lo que suelen ofrecer un mejor precio. Fuera de temporada estos ingredientes resultan a menudo menos sabrosos y siempre son más caros, debido a su escasez. También suelen importarse de lugares alejados, lo que aún los encarece más. Por lo general, es cierta la afirmación de que cuanto menos haya sido transportado y más fresco sea el producto, mejor resultará; por tanto, comprar productos locales es a menudo un buen aval de calidad, lo que reduce el riesgo de merma.

Pero, tanto si compra alimentos de temporada como si opta por los de importación, asegúrese de su calidad antes de adquirirlos. Si las frutas y verduras están marchitas, significará que ya ha pasado su momento óptimo; escoja siempre las de aspecto más firme y fresco. Si las hojas de las hortalizas están atadas, deberían ser verdes y denotar frescura. No se preocupe tanto de si el producto es visualmente

perfecto y uniforme, pero asegúrese de que no esté golpeado o demasiado blando o arrugado.

apueste por las cajas de fruta y/o verdura

Uno de los modos más sencillos de adquirir fruta y verdura saludable, de temporada y de buena calidad —y, además, prescindir de los gastos del transporte—, es optar por un sistema de entrega de cajas. Localice alguna empresa en su zona que le lleve fruta y verdura directa de la huerta a su casa. Estos productores ofrecen una amplia selección de productos, que, dado que son cosechas autóctonas y propias de una estación en concreto, mantienen una buena relación calidad-precio.

seleccione productos de marca blanca

Si bien el precio puede ser un indicativo de calidad, no siempre tiene por qué ser así, y los productos de marca blanca son simplemente tan buenos como otros de marcas más caras. Compare establecimientos y decida usted mismo en qué artículos merece la pena gastar un poco más y cuándo una alternativa más económica ofrece la misma calidad.

una despensa bien provista

Una despensa bien provista es esencial para cualquier cocinero que se precie, pero, cuando además se está tratando de ajustar el arte culinario a un determinado presupuesto, resulta doblemente importante. ¿No querrá, a punto de comenzar a cocinar, caer en la cuenta de que se olvidó un ingrediente fundamental y correr hacia el establecimiento más próximo —y quizá también más caro–, con el consiguiente dispendio de dinero y tiempo extra? Además, si posee un buen control de provisiones, se puede beneficiar de todo tipo de ofertas y economizar también en este sentido. Muchos de los básicos de su despensa también son muy económicos: la pasta, el arroz y los cereales son sabrosos y muy baratos, ¡y geniales para satisfacer hasta a la más hambrienta de las familias! Y otros ingredientes, como el atún o las sardinas, pueden resultar más económicos en conserva que frescos y tienen la ventaja añadida de una vida útil, con lo que no está obligado a utilizarlos inmediatamente. Ciertas verduras de lata, como los tomates o el maíz dulce, son también económicas, versátiles y de inestimable valor a la hora de preparar una receta rápida y por muy poco dinero.

elija los básicos

Asegúrese de que dispone de una amplia variedad de carbohidratos para acompañar sus platos o elaborar nuevas recetas. Los fideos, la pasta (tanto la larga como la corta y hueca), el arroz o el cuscús son una buena elección, ya que tienen una larga vida y ofrecen múltiples opciones de preparación. Añádalos en platos como el *kedgeree* de judías variadas (*véase* pág. 114), el pastel de *fusilli* (*véase* pág. 118), la pasta con salsa de tomate y albahaca (*véase* pág. 110) o el pollo *teriyaki* (*véase* pág. 152). Las conservas resultan esenciales en cualquier despensa y, además de las verduras mencionadas anteriormente, son precisas las alubias y otras leguminosas, las frutas en almíbar (como el albaricoque y la piña) y la leche de coco. Debe incluir también hierbas aromáticas, diversas

especias, sal y pimienta, harina y azúcar. Igualmente, son fundamentales el aceite de oliva y de girasol, el vinagre y otros condimentos como la mostaza y la salsa de soja, imprescindibles para crear innumerables recetas, desde rehogados y ensaladas hasta sopas y estofados.

cuidado con las compras a granel

Numerosos supermercados plantean ofertas semanales de compras a granel que pueden parecer una oportunidad, pero deténgase un instante antes de incluir estos productos en su carrito de la compra. ¿Logrará emplear todo lo que va a adquirir? Si no es así, entonces está desaprovechando alimentos y malgastando su dinero, ya que dicha oferta no resulta en el fondo tan ventajosa como prometía serlo. Una enorme lata de judías cocidas no es ninguna ganga si sólo aprovecha la mitad, pero tres botes de tomate al precio de dos, algo que

puede conservar perfectamente en su despensa durante un largo período de tiempo, sí es una compra inteligente.

compare precios

A menudo comprar envases de gran formato es más económico, y la mayoría de los supermercados muestran no sólo el coste del paquete, sino también el precio unitario, con lo cual es fácil comprobar si lo que está adquiriendo es un chollo por gramo o por kilo. Por lo que se refiere a ingredientes como la pasta o el arroz, de tan frecuente uso, generalmente resulta más económico comprar un paquete grande que dos pequeños.

compruebe la fecha de caducidad

Algunos ingredientes como las hierbas aromáticas secas y las especias en polvo tienen una caducidad relativamente breve y pierden su sabor rápidamente; por tanto, a menos que las utilice con mucha frecuencia, es mejor comprarlas en pequeñas

cantidades. Algo parecido ocurre con los frutos secos y los aceites, que en ocasiones se vuelven rancios, por lo que es fundamental adquirir estos productos en cantidades que sepa que va a gastar antes de su fecha de caducidad.

el mundo de los congelados

Su congelador puede resultar el perfecto aliado para economizar tiempo y dinero. Puede adquirir productos congelados en su supermercado habitual o bien optar por comprar alimentos frescos, como frutas y verduras, para congelarlos al llegar a casa. Tanto si los conserva en el congelador sin elaborar, como si cocina sopas, salsas, guisos o postres que permitan su congelación, dispondrá de una serie de platos caseros muy rápidos de preparar.

Como los productos congelados tienen una larga vida, puede adquirirlos a granel, lo que redunda en un mejor precio. Puede comprar grandes bolsas de verduras o gambas, por ejemplo, y emplear cada vez la cantidad necesaria para las recetas. En cualquier caso, los alimentos tampoco se deben mantener congelados durante un período de tiempo ilimitado; de hecho, la mayoría debe consumirse antes de los tres meses; por tanto, lea bien la etiqueta identificativa y no compre más cantidad de la que vaya a utilizar. En el caso de que congele usted mismo los alimentos, recuerde etiquetarlos con la fecha en que lo hizo.

escoja ingredientes de calidad

Algunos ingredientes, como los guisantes o el maíz dulce, ofrecen mayor calidad congelados que frescos. Los azúcares naturales de estas verduras comienzan

mejores que cualquiera de los platos preparados
que se comercializan, y también más económicos.
Por ejemplo, un amplio surtido de productos frescos
deriva en perfectas sopas y *risotti* caseros, como la
sopa de *risoni* con tomate (*véase* pág. 32), o el *risotto*
de zanahorias, guisantes y habas (*véase* pág. 104);
mientras que la repostería congelada —tanto la masa
de hojaldre como la masa quebrada— puede utilizarse
para crear auténticas delicias, como la tarta de
hojaldre con plátano caramelizado (*véase* pág. 218),
las tartaletas de albaricoque (*véase* pág. 204), o las
tulipas de melocotón y frambuesa (*véase* pág. 234).

ofertas de temporada

Los ingredientes congelados pueden resultar
una buena alternativa cuando no es posible
encontrarlos frescos. Y en temporada, ¿por qué
no comprarlos frescos si son abundantes, además
de baratos, y congelarlos en casa? Puede disfrutar de
bayas silvestres y frutas del bosque todo el año, si las
congela.

cosecha propia

Si recolecta sus propias frutas y hortalizas, es posible
que se encuentre con una sobreproducción de ciertas
variedades; por tanto, antes de que se estropeen
estos productos, ¿por qué no congelarlos?

disfrute de las ofertas

Otra propuesta para ahorrar consiste en aprovecharse
de las ofertas que regularmente brindan los
establecimientos y hacer acopio en el congelador
de aquello que no necesite en el momento de
su compra, para emplearlo en futuras ocasiones.

a transformarse en almidón tan pronto como se
recogen; por ello, a menos que esté totalmente
seguro de que provienen de una fuente muy
fresca, los conseguirá de mayor calidad si son
congelados, ya que se procesan inmediatamente
después de su cosecha.

ahorre tiempo y dinero

Preparar alimentos como la fruta, la verdura, la carne,
las aves y el pescado antes de su congelación le
puede reportar un sustancial ahorro de tiempo en la
cocina, ¡lo que a menudo se traduce también en dinero!
Aunque es posible que tenga que acordarse de
descongelar el pollo antes de cocinar, trasladar unas
piezas de pollo del congelador a la nevera es más
sencillo que asar un pollo entero. Vale la pena
mantener una buena provisión de ingredientes en
el congelador, lo que le permitirá concebir platos de
gran categoría en el mínimo tiempo posible, mucho

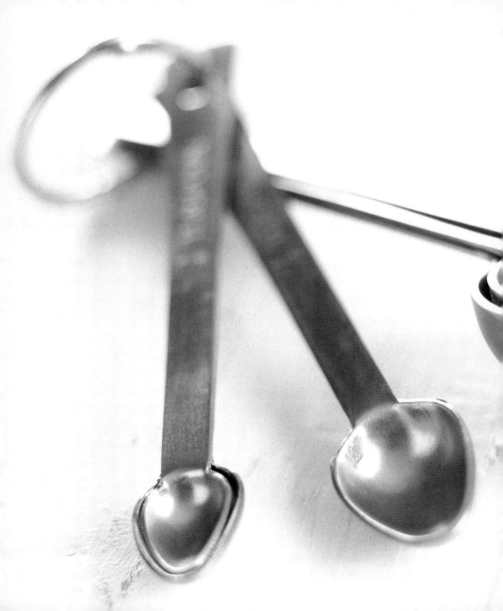

entrantes y aperitivos

fondue de camembert

4 raciones
tiempo de preparación
  10 minutos
tiempo de cocción **5-10 minutos**

1 **queso camembert** entero
  (de unos 250 g)
2 cucharadas de **aceite de oliva**
2 ramitas de **romero**
pan francés tostado
50 g de de **nueces** tostadas
  y picadas
2 cucharadas de **miel clara**

Coloque el camembert en una fuente de horno. Realice algunas incisiones en su superficie, rocíelo con aceite y esparza un poco de romero.

Cúbralo con papel de aluminio e introdúzcalo en el horno, precalentado a 200 °C, de 5 a 10 minutos o hasta que alcance una consistencia viscosa.

Trocee el pan francés en generosos pedazos y tuéstelo hasta que adquiera un bonito tono dorado.

Esparza las nueces sobre el camembert horneado y rocíelo con la miel. Sírvalo acompañado del pan tostado.

Para preparar una *fondue* de queso brie y avellanas, sustituya el camembert por 250 g de brie y esparza 50 g de avellanas tostadas picadas sobre el queso ya horneado.

tartaletas de tomate y mozzarella

6 raciones

tiempo de preparación
  20 minutos

tiempo de cocción **20 minutos**

250 g de **masa de hojaldre**,
  descongelada

6 cucharadas de **pasta
  de tomates** secados al sol

3 **tomates pera**, sin semillas
  y troceados

125 g de **mozzarella**, en dados

8 **aceitunas negras**,
  deshuesadas y picadas

1 **diente de ajo** muy picado

2 cucharadas de **orégano**
  picado

1 cucharada de **piñones**

un chorrito de **aceite de oliva**

sal y pimienta

Cubra una bandeja de horno con papel antiadherente.
Extienda la masa sobre una superficie ligeramente enharinada,
de manera que adquiera unos 2,5 mm de grosor. Utilice
un molde redondo de unos 12 cm de diámetro para
realizar 6 bases circulares y colóquelas en la bandeja.

Extienda 1 cucharada de pasta de tomate sobre cada base.
En un cuenco, mezcle los tomates, la mozzarella, las aceitunas,
el ajo, el orégano y los piñones y salpimiente. Distribuya la
preparación entre las seis tartaletas.

Rocíe cada tartaleta con un poco de aceite de oliva
e introdúzcalas en el horno, precalentado a unos 200 °C.
Hornee durante 20 minutos, o hasta que el hojaldre esté
dorado. Seguidamente, sírvalo acompañado de unas hojas
de ensalada fresca.

Para preparar tartaletas de tomate y anchoas, siga
los primeros pasos de la receta y sustituya la pasta de tomate
por pesto. En un cuenco, mezcle los tomates, las aceitunas
y el ajo, junto con 50 g de filetes de anchoa en aceite vegetal,
escurridos y troceados, la misma cantidad de pimientos
rojos asados cortados y 2 cucharadas de albahaca picada,
y salpimiente. Distribuya la preparación entre las seis tartaletas,
rocíelas con un chorrito de aceite de oliva y hornee como
se indica en la receta.

suflés de queso de cabra y cebollino

4 raciones
tiempo de preparación
   10 minutos
tiempo de cocción
   20-25 minutos

25 g de **mantequilla**
2 cucharadas de **harina**
250 ml de **leche**
100 g de **queso de cabra suave**
3 **huevos**
2 cucharadas de **cebollino**
   picado
sal y pimienta

Derrita la mantequilla en una cacerola; agregue la harina y cocine a fuego lento, sin dejar de remover, durante 30 segundos. Retire la cacerola del fuego y añada lentamente la leche hasta conseguir una textura suave. Vuelva a poner el recipiente en el fuego y remueva hasta que la mezcla espese. Cueza durante 1 minuto.

Deje enfriar ligeramente e incorpore el queso de cabra, las yemas de huevo y el cebollino. Salpimiente.

Monte las claras a punto de nieve y añádalas a la preparación. A continuación, distribúyala en cuatro moldes para suflé ligeramente engrasados y colóquelos en una fuente. Introdúzcalos en el horno, precalentado a 200 °C, de 15 a 18 minutos, hasta que aumenten de tamaño y estén bien dorados.

Para preparar suflé de cheddar y guindilla, utilice 100 g de queso cheddar rallado en lugar de queso de cabra; sustituya el cebollino por 2 cucharadas de hojas de cilantro picadas y añada 2 guindillas rojas picadas. A continuación, proceda según la receta.

tortas de patata y beicon

4 raciones
tiempo de preparación
  15 minutos, más tiempo
  de refrigerado
tiempo de cocción,
  unos 45 minutos

1 kg de **patatas** en dados
aceite vegetal para freír
6 **cebolletas** en rodajas
200 g de **beicon** bien picado
2 cucharadas de **perejil** picado
harina para rebozar
25 g de **mantequilla**
sal y pimienta

para la **salsa de tomate**
200 ml de *crème fraîche*
2 cucharadas de **albahaca**
  picada
2 cucharadas de **tomates**
  picados

Hierva las patatas en abundante agua con sal de 15 a 20 minutos. Escúrralas bien y tritúrelas.

Caliente un poco de aceite en una sartén; añada la cebolleta y rehóguela durante 2 o 3 minutos; agregue el beicon y saltee. Incorpore el puré y el perejil y sazónelo a su gusto. Amase 8 tortas, cúbralas y déjelas enfriar en la nevera hasta que queden compactas.

Rebócelas con harina una vez refrigeradas. Derrita la mantequilla en una sartén y fría las tortas a fuego medio durante 4 o 5 minutos por cada lado.

Mientras tanto, para preparar la salsa, vierta la *crème fraîche* en un cuenco, junto con la albahaca y los tomates, y salpimiente.

Sirva las tortas calientes acompañadas de la salsa.

Para preparar tortas de salmón con crema agria y salsa de setas, sustituya el beicon por 200 g de salmón en conserva. Desmenuce el salmón e incorpórelo al puré de patatas. Realice las tortas y cocine como se indica en la receta. Mientras, derrita 25 g de mantequilla en una sartén, añada 100 g de setas laminadas y rehogue durante 1 minuto. Incorpore 200 ml de crema agria, ¼ de cucharadita de pimentón, sal y pimienta. Caliente bien la salsa y sírvala como acompañamiento de las tortas de salmón.

rollitos de berenjena, tomate y feta

4 raciones
tiempo de preparación
15 minutos
tiempo de cocción
unos 6 minutos

2 **berenjenas**
3 cucharadas de **aceite de oliva**
125 g de **queso feta** en dados
12 **tomatitos secados al sol**
en aceite
15-20 **hojas de albahaca**
sal y pimienta

Retire las partes finales de las berenjenas y corte éstas a lo largo en finas láminas; deseche las rodajas que sean principalmente piel. Corte cada lámina en cuatro partes. Caliente bien una plancha o una sartén.

Rocíe cada lámina de berenjena con aceite y áselas durante 3 minutos por cada lado, o hasta que se ablanden y estén doradas.

Coloque las berenjenas sobre una tabla de cocina y disponga por encima el queso feta, los tomates y las hojas de albahaca. Enrolle cada lámina comenzando por la parte más corta y sujétela con un palillo. Puede servirlas inmediatamente o bien taparlas y dejarlas enfriar a temperatura ambiente, pero no en la nevera.

Para preparar rollitos de calabacín y mozzarella, escoja 3-4 calabacines grandes, retire los extremos y córtelos en láminas finas, como en el caso de las berenjenas. De cada lámina obtendrá 3 trozos, que deberá rociar con aceite y asar en parrilla o sartén. Unte cada porción con pesto rojo, dados de mozzarella (unos 125 g para los 3-4 calabacines) y hojas de albahaca. Enróllelos y sírvalos según se indica en la receta.

24

mezcla de judías con chips de tortilla

4 raciones
tiempo de preparación
10 minutos, más tiempo
de reposo

2 latas de 400 g de **judías
variadas**, escurridas
y enjuagadas
3 **tomates** picados
1 **pimiento rojo**, sin semillas
ni corazón y bien troceado
6 **cebolletas**, cortadas en rodajas
1 cucharadita de **guindilla roja**
muy picada
2 cucharadas de **aceite de oliva**
1 cucharada de **vinagre
de vino blanco**
cilantro picado, para decorar
sal y pimienta

para **acompañar**
chips de tortilla
crema agria

Pase las alubias, los tomates, el pimiento rojo y las cebolletas por la picadora hasta que todo esté bien mezclado.

Bata la guindilla, el aceite y el vinagre en un pequeño cuenco. A continuación, viértalo sobre la preparación de alubias y remueva bien. Salpimiente y decórelo con el cilantro picado. Tape el recipiente y deje reposar a temperatura ambiente durante unos 30 minutos para que se fusionen los sabores.

Sírvalo acompañado de chips de tortilla y crema agria.

Para preparar un *pilau* de judías, perfecto como plato principal o segundo plato, cueza 375 g de arroz basmati en 600 ml de agua. Cuando el agua esté hirviendo, baje el fuego, tape y cueza a fuego lento durante 12 minutos sin remover. Retire el arroz del fuego e incorpórelo a las judías y espolvoree 3 cucharadas de cilantro picado. Caliéntelo a fuego lento durante 5 minutos más o menos; el plato ya estará listo para degustar. Sírvalo caliente.

quesadillas de cebolla y champiñones

4 raciones
tiempo de preparación
 10 minutos
tiempo de cocción
 unos 30 minutos

3 cucharadas de **aceite de oliva**
2 **cebollas rojas**, en rodajas finas
1 cucharadita de **azúcar**
8 **tortitas de harina**
200 g de **champiñones**,
 laminados
150 g de **queso cheddar**, rallado
un puñadito de **perejil** picado
sal y pimienta

Caliente 2 cucharadas de aceite en una sartén grande y rehogue la cebolla hasta esté bien pochada. Añada el azúcar y remueva durante 3 minutos, o hasta que quede caramelizada. Retírela con una espumadera y resérvela. Caliente el resto del aceite en la sartén y dore los champiñones durante 3 minutos. Resérvelo.

Ponga al fuego una sartén antiadherente y caliente una tortita. Cubra su superficie con una cuarta parte de las cebollas, los champiñones, el cheddar y el perejil y sazónelo al gusto. Coloque encima otra tortita y fríala por ambos lados hasta que esté tostada. Retírela de la sartén y repita la misma operación con el resto de las tortitas y los ingredientes. Manténgalas calientes.

Corte las tortitas en triángulos y sírvalas acompañadas de ensalada.

Para preparar quesadillas de espinacas y queso brie, sustituya los champiñones por 200 g de espinacas hervidas bien picadas y corte en finas lonchas 150 g de queso brie, en lugar de cheddar. A continuación, prepare las tortitas como se indica en la receta.

queso de cabra rebozado

4 raciones
tiempo de preparación
15 minutos
tiempo de cocción **10 minutos**

4 porciones de **queso
de cabra** individuales de
unos 65 g cada una
2 **huevos**, batidos
4 cucharadas de **pan rallado**
200 ml de **aceite vegetal**
para freír
125 g de **roqueta**
2 cucharadas de **aceite de oliva**
sal y pimienta

para la **mermelada
de cebolla roja**
1 cucharada de **aceite de oliva**
2 **cebollas rojas**, en rodajas finas
125 ml de **vino tinto**
3 cucharadas de **vinagre
de vino tinto**
50 g de **azúcar en polvo**

Pase los quesitos por el huevo batido y, seguidamente, rebócelos en el pan rallado. Cúbralos y refrigérelos mientras elabora la mermelada de cebolla.

Ponga al fuego el aceite de oliva en una cacerola pequeña, añada la cebolla y rehóguela durante 2 minutos. Incorpore el vino, el vinagre y el azúcar y reduzca durante 5 minutos. Retire cuidadosamente la cebolla con la ayuda de una espumadera y resérvela, manteniendo el jugo en el recipiente.

Caliente el aceite vegetal en una sartén antiadherente a unos 180-190 °C. Puede asegurarse de que la temperatura del aceite es la correcta si un dado de pan se dora en unos 30 segundos. Fría los quesitos durante 2 minutos. Retírelos con una espátula y escúrralos bien en un plato con papel de cocina.

Distribuya la roqueta en 4 platos y rocíela con aceite de oliva y el jugo resultante de haber preparado la cebolla para la mermelada. Salpimiente. Coloque los quesitos sobre la roqueta y adórnelos con la mermelada.

Para preparar camembert rebozado con salsa de tomate picante, corte un camembert de 250 g en cuñas, rebócelo y déjelo enfriar como se indica en la receta. En una cacerola, lleve a ebullición 400 g de tomate triturado, 2-3 guindillas rojas muy picadas, 2 dientes de ajo majados, 125 g de azúcar moreno, 4 cucharadas de vinagre de vino blanco, 1 cucharada de Worcestershire y ½ cucharadita de sal. Cocine a fuego lento durante 30 minutos. Fría el camembert como se indica en la receta y sírvalo acompañado de la salsa.

sopa de *risoni* con tomate

4 raciones

tiempo de preparación
10 minutos

tiempo de cocción **18 minutos**

2 cucharadas de **aceite de oliva**,
y un poco más para rociar
la sopa
1 **cebolla** grande, muy picada
2 **tallos de apio**, bien picados
4 **tomates** grandes
1,5 l de **caldo vegetal**
150 g de *risoni* o cualquier
otro tipo de pasta seca corta
6 cucharadas de **perejil de hoja
plana** muy picado
sal y pimienta

Caliente el aceite de oliva en una cacerola grande a fuego medio. Añada la cebolla y el apio y rehogue hasta que estén bien pochados.

Mientras tanto, realice una cruz en la base de cada tomate y colóquelos en un recipiente resistente al calor con agua hirviendo durante 1 minuto. Seguidamente, introdúzcalos en una ensaladera con agua fría, y comience a pelarlos por la parte de la cruz. Córtelos por la mitad, retire las semillas y trocee la pulpa.

Incorpore los tomates y el caldo a la cacerola con la cebolla y el apio y llévelo a ebullición. Añada la pasta y cueza durante 10 minutos, hasta que esté al dente. Salpimiente y espolvoree el perejil.

Retire la olla del fuego, distribuya la sopa en platos o cuencos y eche un chorrito de aceite en cada uno de ellos antes de llevarla a la mesa.

Para preparar un caldo vegetal casero, lleve a ebullición en una cacerola grande 1,8 l de agua, 625 g de verduras variadas (prescinda de patatas y otros tubérculos), 2 dientes de ajo pelados, 8 granos de pimienta y un ramito de hierbas aromáticas. Baje el fuego y cueza a fuego lento durante 40 minutos, retirando la espuma que vaya apareciendo en la superficie. Cuélelo y déjelo enfriar antes de taparlo y reservarlo en la nevera.

frittata de maíz dulce y pimiento rojo

4 raciones
tiempo de preparación
10 minutos
tiempo de cocción
unos **10 minutos**

2 cucharadas de **aceite de oliva**
4 **cebolletas**, en finas láminas
200 g de **maíz dulce**, escurrido
150 g de **pimientos rojos**
asados, escurridos
y cortados en tiras
4 **huevos**, ligeramente batidos
125 g de **queso cheddar**, rallado
un puñadito de **cebollino** picado
sal y pimienta

Caliente el aceite en una sartén; añada las cebolletas, el maíz dulce y los pimientos y rehogue durante 30 segundos.

Agregue los huevos, el cheddar, el cebollino y salpimiente al gusto. Cocine a fuego medio durante 4 o 5 minutos, hasta que la base quede cuajada. Retire la *frittata* de la placa y colóquela en una parrilla durante 3 o 4 minutos, hasta que esté bien dorada. Córtela en porciones triangulares y, seguidamente, sírvala acompañada de ensalada y pan crujiente.

Para preparar una *frittata* de calabacín, pimiento y gruyer, utilice 200 g de calabacines troceados en lugar del maíz dulce; sustituya el cheddar por 125 g de queso gruyer y las 4 cucharadas de cebollino por hojas de menta picadas.

bruschetta de trucha ahumada

4 raciones
tiempo de preparación
5 minutos
tiempo de cocción **5 minutos**

12 **rebanadas** finas
de pan francés
2 **dientes de ajo** grandes,
cortados por la mitad
2 cucharadas de **aceite de
oliva virgen extra**, y un poco
más para el toque final
250 g de *tzatziki*
250 g de **trucha ahumada
desmenuzada**
eneldo picado, para decorar
pimienta

Tueste el pan en una tostadora o en una parrilla.

Frote cada rebanada con ajo y vierta un chorrito de aceite
cuando aún esté caliente. A continuación, disponga
una generosa cucharada de *tzatziki* y un poco de trucha
desmenuzada. Salpimiente al gusto y sírvalas adornadas
con eneldo y un hilito de aceite de oliva virgen extra.

Para preparar un *tzatziki* casero, ralle un pepino grande
y escurra todo el líquido; a continuación, póngalo en un
cuenco. Añada 4-5 cucharadas de yogur griego, salpimiéntelo
y remueva hasta obtener una crema homogénea.

conos de salmón ahumado

4 raciones
tiempo de preparación
15 minutos

2 **pepinos** pequeños, abiertos,
sin semillas y cortados en tiras
1 cucharadita de **mostaza
inglesa**
1 cucharada de **vinagre
de vino blanco**
½ cucharadita de **azúcar**
1 cucharada de **eneldo** picado
2 **tortitas de harina**
4 cucharadas de *crème fraîche*
125 g de recortes de **salmón
ahumado**
sal y pimienta

Coloque los pepinos en un vaso bajo o un cuenco de cerámica. En un cuenco, mezcle la mostaza con el vinagre, el azúcar y el eneldo. Salpimiéntelo y viértalo sobre los pepinos. Deje reposar durante 5 minutos.

Divida cada tortita en dos partes y dispóngalas sobre una tabla de cocina. Extienda 1 cucharada de *crème fraîche* sobre cada mitad.

Reparta el salmón desmenuzado entre las tortitas y corónelas con la mezcla de pepinos. Salpimiente y enrolle cada tortita formando pequeños conos alrededor del relleno. Si lo desea, asegure cada cono con un palillo.

Para preparar conos de pollo y mango, ponga en un cuenco 125 g de pechuga de pollo asada y troceada, 1 mango pelado y cortado en daditos y 1 cucharada de cilantro picado. Añada 4 cucharadas de mayonesa, un chorrito de jugo de limón, sal y pimienta. Remueva suavemente para que los ingredientes se mezcle bien, repártalo entre las tortitas y enróllelas como se indica en la receta.

risi e bisi

4 raciones
tiempo de preparación
  5 minutos
tiempo de cocción
  unos **25 minutos**

1 cucharada de **mantequilla**
1 cucharada de **aceite de oliva**
1 **cebolla**, picada
2 **dientes de ajo**, majados
250 g de **arroz** especial
  para *risotto*
900 ml de **caldo de pollo**,
  elaborado con una pastilla
  de caldo de pollo y agua
  hirviendo, calentado a fuego
  lento
450 g de **guisantes** congelados
25 g de **parmesano** rallado
100 g de **jamón cocido**,
  muy picado
1 puñadito de **perejil** picado
sal y pimienta

Derrita la mantequilla con el aceite en una cacerola, añada la cebolla y el ajo y rehóguelo hasta que la primera comience a dorarse. Agregue el arroz y remueva hasta que se mezcle bien con la mantequilla y el aceite.

Incorpore el caldo caliente a cucharadas; primero una, remueva bien hasta que se haya absorbido; después, una más y así sucesivamente, hasta que apenas haya caldo y el arroz ofrezca una apariencia cremosa y esté cocido, lo que le puede llevar unos 15 minutos.

Añada los guisantes y rehogue de 3 a 5 minutos. Retire la cacerola del fuego y complete el *risotto* con parmesano, jamón y perejil. Sazónelo a su gusto y sírvalo inmediatamente.

Para preparar un *risotto* de atún y tomate, después de pochar la cebolla y el ajo, añada 3 cucharadas de vino blanco, sin dejar de remover, hasta que se haya evaporado. A continuación, siga la receta anterior, pero sustituya el caldo de pollo por caldo de pescado y añada 2 tomates picados en lugar de los guisantes, junto con 200 g de migas de atún en conserva escurridas y caliéntelo de 3 a 5 minutos. Retire la cacerola del fuego y agregue 2 cucharadas de albahaca picada, parmesano, sal y pimienta.

sopa de guisantes a la menta

4 raciones
tiempo de preparación
10 minutos
tiempo de cocción
unos **20 minutos**

1 cucharada de **mantequilla**
1 **cebolla**, muy picada
1 **patata**, cortada en trozos
   pequeños
1 l de **caldo vegetal**
400 g de **guisantes** congelados
6 cucharadas de **menta** picada
sal y pimienta
crème fraîche, para servir
   (opcional)

Derrita la mantequilla en una cacerola, añada la cebolla y la patata y rehogue durante 5 minutos. Vierta el caldo y llévelo a ebullición; cuando hierva, baje el fuego y cocine a fuego lento durante 10 minutos, hasta que la patata esté tierna.

Agregue los guisantes y continúe la cocción durante 3 o 4 minutos más. Salpimiente, retire la cacerola del fuego y mezcle con la menta. Páselo por la batidora hasta conseguir un puré cremoso. Sírvalo en platos hondos o en cuencos y, si lo desea, corone cada ración con un chorrito de *crème fraîche*.

Para preparar sopa de guisantes y jamón, cocine 1 zanahoria y 1 nabo picados, junto con la cebolla y la patata y añada 1 l de caldo de jamón o pollo. Una vez que las verduras estén tiernas, añada 300 g de jamón cocido cortado en trocitos muy pequeños, 4 cebolletas, igualmente troceadas, y 2 cucharadas de perejil picado, además de los guisantes. Cueza durante otros 3 o 4 minutos. No es necesario triturar la sopa; simplemente sírvala en recipientes previamente calentados y acompáñela de pan crujiente.

tartaletas de tomate y queso de cabra

4 raciones
tiempo de preparación
15 minutos
tiempo de cocción
10-12 minutos

4 **láminas de pasta** *filo*,
de unos 25 cm
1 cucharada de **aceite de oliva**
20 **tomates cereza** cortados
por la mitad
200 g de **queso de cabra**
compacto, en dados de 1 cm
más o menos
20 g de **piñones**
2 cucharaditas de **tomillo**
sal y **pimienta**

Engrase ligeramente 4 moldes individuales para tartaletas, de unos 10 cm de diámetro. Rocíe con un chorrito de aceite en una lámina de pasta *filo*. Divídala en 4 cuadrados iguales y forre uno de los moldes. Repita la operación con las 3 láminas de pasta *filo* restantes. Retire el aceite sobrante.

Coloque 5 mitades de tomate cereza en la base de cada tartaleta. Cúbralos con el queso de cabra y añada el resto de los tomatitos y los piñones. Esparza el tomillo y salpimiente.

Introduzca las tartaletas en el horno, precalentado a 200 °C, de 10 a 12 minutos, hasta que la pasta esté dorada y crujiente. Sírvalas calientes acompañadas de ensalada verde.

Para preparar tartaletas de queso feta y pimiento, desenrolle una lámina de 175 g de hojaldre en una superficie ligeramente enharinada y utilice la masa para forrar los moldes. Retire el corazón y las semillas de 1 pimiento amarillo y 1 rojo, córtelos en tiras finas y macérelos con un poco de aceite de oliva. Trocee 200 g de queso feta en dados de 1 cm aproximadamente. Distribuya la mitad de los pimientos entre las tartaletas, cúbralos con el queso feta, añada el resto de las tiras de pimiento y esparza unos cuantos piñones. Espolvoree con 2 cucharadas de orégano seco y salpimiente. Hornee a la misma temperatura que la indicada en la receta anterior durante 15 minutos, hasta que la pasta adquiera un bonito tono dorado.

recetas vegetarianas y ensaladas

gratinado de espinacas y patatas

4 raciones
tiempo de preparación
10 minutos
tiempo de cocción **35 minutos**

625 g de **patatas**, en rodajas
500 g de **espinacas**
200 g de **mozzarella**
desmenuzada
4 **tomates**, en rodajas finas
3 **huevos**, batidos
300 ml de **crema de leche**
sal y pimienta

Cueza las patatas en agua hirviendo con sal durante 5 minutos y escúrralas bien.

Mientras tanto, hierva las espinacas aparte durante 1 o 2 minutos y escúrralas hasta eliminar toda el agua.

Engrase una fuente de horno y disponga una capa de rodajas de patata. Cúbralas con las espinacas y la mitad de la mozzarella y salpimiente generosamente con sal y pimienta. Coloque otra capa de patatas y disponga las rodajas de tomate por encima. Finalmente, esparza la mozzarella restante.

Bata los huevos junto con la crema de leche en un cuenco, salpimiente y vierta la mezcla sobre los ingredientes.

Introdúzcalo en el horno, precalentado a 180 °C, durante 30 minutos y sírvalo inmediatamente acompañado de ensalada y pan crujiente.

Para preparar una ensalada de tomate, lima y albahaca como guarnición, mientras se está horneando el gratinado, corte en cuñas 1 kg de tomates y dispóngalos en una ensaladera, añada ½ cebolla roja en rodajas y un puñado de hojas de albahaca. Mezcle 4 cucharadas de aceite de oliva, 2 cucharadas de albahaca picada, 1 cucharada de jugo de lima, 1 cucharadita de ralladura de lima, ½ cucharadita de miel clara, 1 diente de ajo picado, una pizca de pimienta de Cayena, sal y pimienta. Vierta el aliño sobre la ensalada. Tápela y déjela reposar a temperatura ambiente durante 30 minutos, para conseguir una deliciosa fusión de sabores. Transcurrido este tiempo, sírvala junto con el gratinado.

stroganoff de champiñones

4 raciones
tiempo de preparación
10 minutos
tiempo de cocción **10 minutos**

1 cucharada de **mantequilla**
2 cucharadas de **aceite de oliva**
1 **cebolla**, en rodajas finísimas
4 **dientes de ajo**, muy picados
500 g de **champiñones**
laminados
2 cucharadas de **mostaza
de grano entero**
250 ml de *crème fraîche*
sal y pimienta
3 cucharadas de **perejil picado**,
para decorar

Derrita la mantequilla junto con el aceite en una sartén grande; añada la cebolla y el ajo y sofría hasta que esté bien pochada.

Incorpore los champiñones y cocínelos hasta que estén tiernos y comiencen a dorarse. Agregue la mostaza y la *crème fraîche* y mantenga el fuego encendido sólo el tiempo justo para que se calienten. Salpimiente y sirva el plato inmediatamente, decorado con el perejil picado.

Para preparar sopa de champiñones con picatostes de ajo, mientras cocina los champiñones, retire la corteza a 2 rebanadas gruesas de pan duro (es ideal el pan del día anterior) y frótelas con dos dientes de ajo. A continuación, córtelas en dados. Fríalos en una cantidad moderada de aceite vegetal, removiéndolos constantemente, hasta que queden crujientes y dorados de manera homogénea. Colóquelos en un plato con papel de cocina para que éste absorba el exceso de aceite. Tras agregar la mostaza y la *crème fraîche* a los champiñones (como se indica en la receta), vierta 400 ml de caldo vegetal hirviendo y elabore un puré con la ayuda de la batidora. Sírvalo en cuencos calientes, distribuya unos cuantos picatostes y decore con perejil picado.

cazuela de verduras al estilo griego

4 raciones
tiempo de preparación
10 minutos
tiempo de cocción **25 minutos**

4 cucharadas de **aceite de oliva**
1 **cebolla**, en rodajas finas
3 **pimientos** variados, sin
   corazón ni semillas, cortados
   en aros
4 **dientes de ajo**, majados
4 **tomates**, picados
200 g de **queso feta**, en dados
1 cucharadita de **orégano** seco
sal y pimienta
perejil picado, para decorar

Caliente 3 cucharadas de aceite de oliva en una cacerola resistente al horno; añada la cebolla, los pimientos y el ajo y cocínelos hasta que se ablanden y comiencen a dorarse. Agregue el tomate y cuézalo durante unos minutos. Mézclelo con el queso feta y el orégano y sazone con sal, pimienta y un chorrito de aceite de oliva.

Tápelo y cocínelo en el horno, precalentado a 200 °C, durante 15 minutos. Decórelo con perejil picado y sírvalo con pan crujiente templado.

Para preparar una cazuela de verduras al estilo de Oriente Próximo, caliente 1 cucharada de aceite de oliva en una cacerola resistente al horno; añada 1 cebolla roja cortada en rodajas, 2 ramas de apio en rodajas y 3 zanahorias en rodajas y dórelas hasta que estén tiernas. Incorpore 2 cucharaditas de *harissa* y remueva durante 1 minuto. Agregue unos 625 g de berenjenas bien troceadas, 2 tomates grandes picados y 250 ml de agua y llévelo a ebullición. A continuación, tápelo y hágalo en el horno, precalentado a 180 °C, durante 25 minutos. Mézclelo con 2 patatas grandes, peladas y cortadas en rodajas finas, y hornee durante 15 minutos, hasta que queden tiernas pero sin deshacerse. Sírvalo caliente, decorado con cilantro picado.

pastelitos de setas y puerros

4 raciones
tiempo de preparación
15 minutos
tiempo de cocción
25-30 minutos

25 g de **mantequilla**
2 **puerros**, en rodajas finas
300 g de **champiñones**
   en cuartos
300 g de **setas** en cuartos
1 cucharada de **harina**
250 ml de **leche**
150 ml de *crème fraîche*
100 g de **queso cheddar
   curado** rallado
4 cucharadas de **perejil**
   muy picado
2 **láminas de hojaldre**,
   previamente descongelado,
   si no es fresco
1 **huevo** batido

Derrita la mantequilla en una cacerola y sofría los puerros durante 1 o 2 minutos. Añada los champiñones y rehogue 2 minutos más. Agregue la harina y remueva durante 1 minuto; a continuación, vierta la leche y la crema de leche de manera gradual y sin dejar de remover, hasta que la mezcla espese. Incorpore el cheddar y el perejil y continúe removiendo durante 1 o 2 minutos. Retírelo del fuego.

Corte 4 círculos de las láminas de hojaldre para forrar 4 moldes individuales. Divida los champiñones entre los 4 pastelitos. Pinte los bordes con el huevo batido y coloque las otras cuatro circunferencias de hojaldre encima. Presione ligeramente y doble los bordes con la ayuda de un tenedor. Realice un par de incisiones en la superficie de cada pastelito para permitir que salga el vapor. Pinte el hojaldre con el huevo restante.

Introduzca los pastelitos en el horno, precalentado a 220 °C, de 15 a 20 minutos, hasta que el hojaldre adquiera un bonito tono dorado. Sirva inmediatamente.

Para preparar pastelitos de jamón al curry y champiñones, siga el primer paso de la receta anterior, pero, una vez cocinados los champiñones y antes de incorporar la harina, añada 1 cucharadita de curry en polvo y ½ de cúrcuma y cocine durante 1 minuto sin dejar de remover. Una vez que la salsa ha quedado ligada, sustituya el cheddar por 200 g de jamón cocido, cortado en trocitos muy pequeños y agregue 4 cucharadas de cilantro picado, en vez de perejil. Disponga los pastelitos como se indica en la receta y cocínelos.

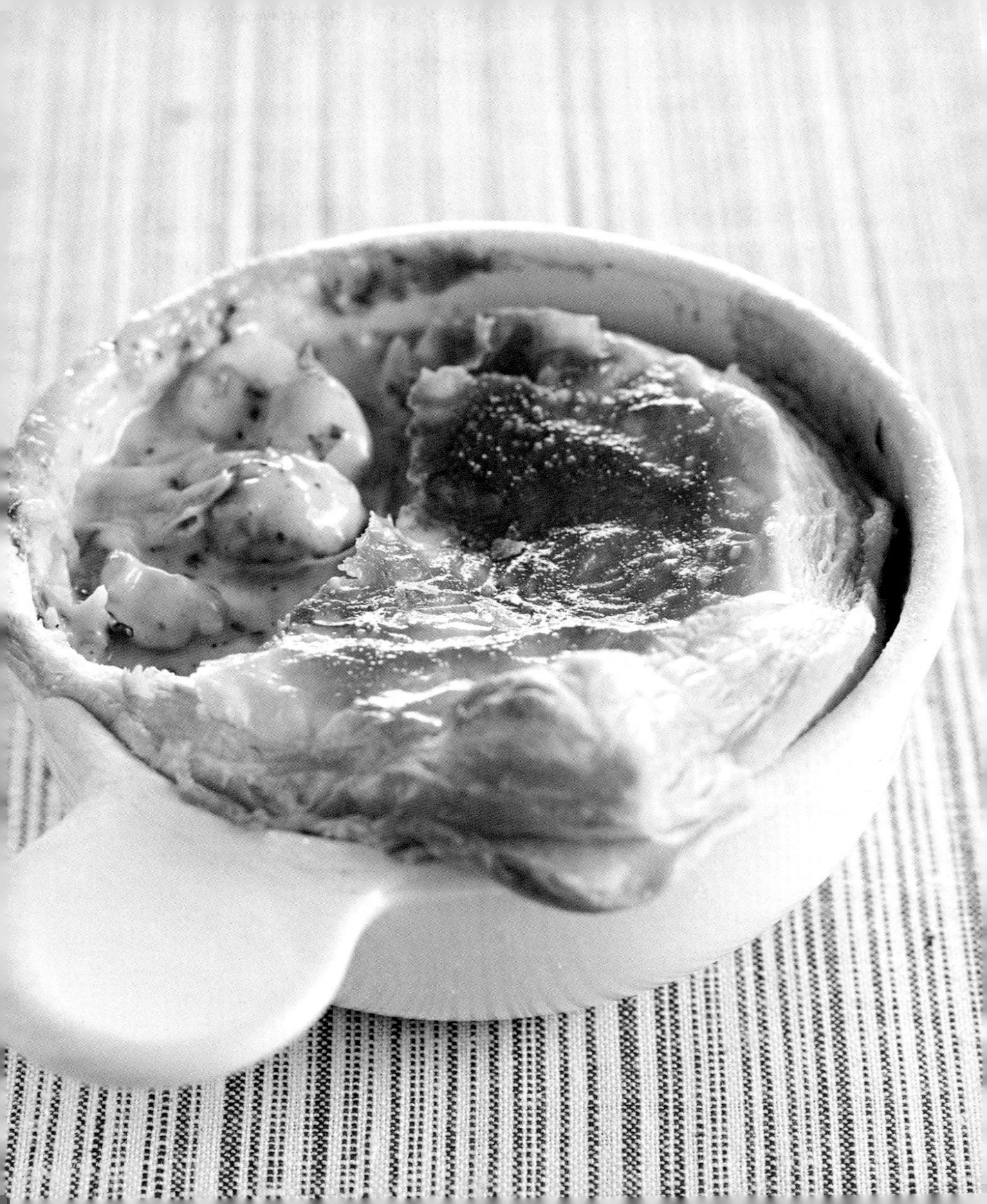

champiñones rellenos con tofu

1 ración
tiempo de preparación
15 minutos
tiempo de cocción **20 minutos**

300 ml de **agua** hirviendo
1 cucharadita de **caldo de verduras ecológico en polvo**
2 **champiñones grandes**, sin pie
1 cucharada de **aceite de oliva**
40 g de **cebolla roja**, muy picada
125 g de **tofu** picado
1 cucharada de **piñones tostados**
¼ de cucharadita de **pimienta de Cayena**
1 cucharada de **albahaca** picada
25 g de **parmesano** rallado
75 g de **espinacas mini**
sal y pimienta

Vierta el agua hirviendo en una cacerola ancha y agregue el polvo de caldo. Añada los champiñones y escálfelos durante 2 o 3 minutos, retírelos con una espumadera y séquelos con papel de cocina.

Caliente un poco de aceite en una cacerola y saltee la cebolla. Retírela del fuego y déjela enfriar.

Mezcle la cebolla junto con el tofu, los piñones, la pimienta de Cayena, la albahaca y el resto del aceite, y salpimiente.

Espolvoree un poco de parmesano sobre cada champiñón y rellénelos con la mezcla de cebolla. Dispóngalos en un plato para gratinar y colóquelos bajo la parrilla precalentada durante 10 minutos, o hasta que estén calientes y el queso se haya derretido.

Disponga los champiñones calientes sobre un lecho de hojas de espinaca mini.

Puede acompañar esta receta con *baba ghanoush*,

si lo desea, una crema de agradable y ligera textura elaborada con berenjenas y típica en la cocina árabe. Para preparar este plato, pinche una berenjena con un tenedor, divídala en dos mitades a lo largo y colóquela, con la parte cortada hacia abajo, sobre una bandeja de hornear engrasada. Introdúzcala en el horno, precalentado a 190 °C, de 30 a 40 minutos. Cuando se haya enfriado lo suficiente como para manipularla, tritúrela con la batidora o la picadora, junto con ½ diente de ajo y 1 cucharadita de jugo de limón. Incorpore de manera gradual 1 cucharada de aceite de oliva hasta que adquiera la consistencia de una pasta cremosa. Agregue 1 cucharada de perejil fresco picado, sal y pimienta. Sirva con los champiñones.

champiñones cocinados al estilo griego

4 raciones

tiempo de preparación
10 minutos, más el tiempo de reposo

tiempo de cocción **10 minutos**

8 cucharadas de **aceite de oliva**
2 **cebollas grandes**, en rodajas
3 **dientes de ajo**, muy picados
600 g de **champiñones**, cortados por la mitad
8 **tomates pera**, picados o 400 g de tomate triturado
100 g de **aceitunas negras** sin hueso
2 cucharadas de **vinagre de vino blanco**
sal y pimienta
perejil picado, para decorar

Caliente 2 cucharadas de aceite en una sartén grande, añada las cebollas y el ajo y sofríalos hasta que estén dorados. Agregue los champiñones y los tomates y cocínelos durante 4 o 5 minutos, removiendo cuidadosamente. Transcurrido este tiempo, retire la sartén del fuego.

Traslade la preparación a una fuente de servir y decore con las aceitunas.

Mezcle en un cuenco el resto del aceite junto con el vinagre, salpimiente al gusto y viértalo sobre la ensalada. Corone con el perejil picado, tápelo y resérvelo a temperatura ambiente durante 30 minutos a fin de que los sabores se fusionen antes de servir el plato.

Para preparar una ensalada de pasta y champiñones, elabore los champiñones como se indica en la receta. Hierva, hasta que queden al dente, 200 g de *pennette* o *farfalle* en una cacerola grande con abundante agua con sal, siguiendo las instrucciones del paquete. Mientras tanto, cueza 125 g de judías verdes. Escúrralas, manténgalas unos segundos bajo el grifo y vuélvalas a colar. Escurra bien la pasta y viértala sobre los champiñones junto con las judías verdes y 2 cucharadas de albahaca. Sírvalo a temperatura ambiente.

achicoria a la parrilla con salsa verde

4 raciones
tiempo de preparación
   15 minutos
tiempo de cocción **10 minutos**

4 **cogollos de achicoria**
   de unos 150 g cada uno,
   limpios y cortados por la mitad
2 cucharadas de **aceite de oliva**
125 g de **parmesano**, rallado
perejil picado, para decorar

para la **salsa verde**
200 g de **perejil de hoja plana**
50 g de **piñones**, tostados
2 **pepinillos**
8 **aceitunas verdes** sin hueso
1 **diente de ajo**, picado
1 cucharada de **jugo de limón**
150 ml de **aceite de oliva**
sal y pimienta

Triture todos los ingredientes de la salsa verde, a excepción del aceite, con ayuda de un robot de cocina. Con la máquina accionada, incorpore poco a poco el aceite hasta conseguir una pasta cremosa. Viértala a una salsera, tápela y resérvela. (La salsa puede conservarse en la nevera durante 1 semana.)

Caliente la parrilla a máxima potencia. Disponga las achicorias en la rejilla, con las partes cortadas hacia abajo, rocíelas con un poco de aceite y cocínelas durante 5 minutos. Transcurrido este tiempo, deles la vuelta, vierta el aceite restante por encima y espolvoree con el parmesano. Cuézalas durante 4 minutos más, o hasta que el queso se haya derretido y los bordes de las achicorias comiencen a quemarse.

Colóquelas en los platos y corónelas con perejil picado. Acompáñelas con un poco de salsa verde y sírvalas de inmediato. Ponga la salsera en la mesa para que los comensales tengan la posibilidad de servirse un poco más de salsa. El pan tostado tipo chapata resulta un acompañamiento ideal.

Para preparar sardinas a la parrilla con salsa verde, disponga 750 g de sardinas limpias y sin tripas en una fuente grande de cristal o cerámica. Mezcle 3 cucharadas de aceite de oliva, 2 dientes de ajo, la ralladura y el jugo de 1 limón y 2 cucharadas de orégano seco. Viértalo sobre las sardinas y deles la vuelta para queden bien impregnadas, tápelas y déjelas marinar en la nevera durante 1 hora. Mientras tanto, prepare la salsa verde siguiendo las instrucciones de la receta. Ase las sardinas en la parrilla precalentada o sobre una barbacoa durante 4 o 5 minutos por cada lado y sírvalas acompañadas de la salsa verde.

coliflor al curry con garbanzos

4 raciones

tiempo de preparación
   10 minutos

tiempo de cocción **20 minutos**

2 cucharadas de **aceite de oliva**

1 **cebolla**, picada

2 **dientes de ajo**, majados

4 cucharadas de **pasta de curry**

1 **coliflor pequeña** dividida
   en ramitos

375 ml de **caldo vegetal**,
   elaborado con una pastilla
   de caldo de verduras
   y agua hirviendo

4 **tomates**, troceados

400 g de **garbanzos de lata**,
   escurridos y lavados

2 cucharadas de *chutney*
   de mango

sal y pimienta

4 cucharadas de **cilantro** picado,
   para decorar

yogur natural batido, para
   acompañar (opcional)

Caliente el aceite en una cacerola, añada la cebolla
y el ajo y rehogue hasta que la primera esté tierna y
comience a dorarse. Agregue la pasta de curry, la coliflor
y el caldo y llévelo a ebullición. Baje el fuego, tape la
olla y cueza durante 10 minutos.

Incorpore los tomates, los garbanzos y el *chutney*; siga
cocinando, ahora sin tapar, durante 10 minutos. Salpimiente
al gusto. Sirva el plato, adornado con cilantro y, si lo desea,
con un poco de yogur batido.

Para preparar *chutney* de mango casero, ponga la pulpa
de 6 mangos maduros en rodajas en una cacerola con
300 ml de vinagre de vino blanco y cuézala a fuego lento
durante 10 minutos. Añada 250 g de azúcar moreno de caña,
50 g de jengibre fresco, pelado y picado, 2 dientes de ajo
majados, 2 cucharaditas de guindilla en polvo y 1 cucharadita
de sal y llévelo a ebullición, removiendo constantemente.
Cueza durante 30 minutos y mueva de vez en cuando.
Viértalo en un frasco con tapón de rosca y cierre bien.
Consérvelo en el frigorífico y utilícelo en el plazo de un mes.

ratatouille rápida

4 raciones
tiempo de preparación
10 minutos
tiempo de cocción **20 minutos**

100 ml de **aceite de oliva**
2 **cebollas**, picadas
1 **berenjena mediana**, en dados
2 **calabacines**, muy troceados
1 **pimiento rojo**, sin corazón
ni semillas, en trozos pequeños
1 **pimiento amarillo**,
sin corazón ni semillas,
en trozos pequeños
2 **dientes de ajo** majados
400 g de **tomate triturado**
4 cucharadas de **perejil**
o **albahaca** picados
sal y pimienta

Caliente bien el aceite en una cacerola grande; añada las cebollas, la berenjena, los calabacines, los pimientos y el ajo y sofría, sin dejar de remover, durante unos minutos, o hasta que las verduras queden tiernas. Agregue el tomate, salpimiente y mezcle todo muy bien.

Baje el fuego, tape la cacerola y hierva durante 15 minutos. Retire la *ratatouille* del fuego e incorpórelo con el perejil o la albahaca antes de servirlo.

Para preparar un pastel de verduras al estilo mediterráneo, disponga, con la ayuda de una cuchara, la mezcla de verduras en una fuente de horno mediana. Cueza 800 g de patatas cortadas en cuatro trozos en una cacerola grande con agua hirviendo, de 12 a 15 minutos, o hasta que estén tiernas; escúrralas y macháquelas junto con 200 g de queso cheddar finamente rallado. Extiéndalo sobre las verduras e introdúzcalo en el horno, precalentado a 180 °C, durante 20 minutos, hasta que comience a dorarse.

berenjenas al horno con mozzarella

4 raciones
tiempo de preparación
 10 minutos
tiempo de cocción
 unos **25 minutos**

2 **berenjenas** cortadas
 por la mitad a lo largo
3 cucharadas de **aceite de oliva**
1 **cebolla**, picada
1 **diente de ajo**, majado
250 g de **tomates de lata**,
 triturados
1 cucharada de **puré de tomate**
300 g de **mozzarella**, en rodajas
 finas
sal y pimienta
albahaca, para decorar

Pinte las berenjenas con 2 cucharadas de aceite de oliva y colóquelas, con la parte cortada hacia arriba, en una bandeja de horno. Introdúzcala en el horno precalentado a 200 °C durante 20 minutos.

Mientras tanto, caliente el resto del aceite en una sartén; añada la cebolla y el ajo y rehogue hasta que la cebolla se ablande y comience a dorarse. Agregue los tomates y el puré de tomate y cueza a fuego lento durante 5 minutos, hasta que la salsa haya espesado.

Retire las berenjenas del horno y cubra cada mitad con un poco de salsa y dos rodajas de mozzarella. Sazone al gusto y vuelva a introducirlas de 4 a 5 minutos para que el queso se derrita. Sírvalas inmediatamente, con unas hojitas de albahaca fresca por encima.

Si desea acompañar el plato con pan de ajo tostado, separe todos los dientes de 2 cabezas de ajo. Colóquelos sobre papel de aluminio, rocíelos generosamente con aceite de oliva y hornéelos junto con las berenjenas. A continuación, retírelos del papel y deje que se enfríen ligeramente antes de pelarlos y disponerlos sobre unas rodajas de pan francés caliente.

ensalada libanesa de lentejas y bulgur

4 raciones

tiempo de preparación
10 minutos

tiempo de cocción **30 minutos**

100 g de **lentejas de Puy**
1 cucharada de **puré de tomate**
750 ml de **caldo vegetal**
100 g de **bulgur**
el **el jugo** de 1 **limón**
1 cucharada de **aceite de oliva**
2 **cebollas**, en rodajas
1 cucharadita de **azúcar**
1 ramita de **menta fresca**, picada
sal y pimienta
3 **tomates**, picados finos

Lleve a ebullición en una cacerola las lentejas, junto con el tomate y el caldo vegetal. Baje el fuego, tápelas y cocine a fuego lento durante 20 minutos. Añada el bulgur y el jugo de limón y adérece al gusto. Cueza durante 10 minutos, hasta que el caldo se haya consumido.

Mientras tanto, caliente el aceite en una sartén, agregue la cebolla junto con el azúcar y cocínela a fuego lento hasta que se caramelice.

Mezcle las lentejas y el bulgur con la menta y sirva el plato templado coronado con la cebolla y los trozos de tomate.

Para preparar una ensalada de pollo al estilo libanés, salpimiente 3 pechugas de pollo. Unte cada una de ellas con un poco de aceite y colóquelas en la plancha muy caliente. Cocínelas de 4 a 5 minutos por cada lado, o hasta que los bordes estén ligeramente quemados. Corte las pechugas en tiras finas y mézclelas con la ensalada de lentejas. Adorne el plato con un pepino picado y 10-12 rabanitos en rodajas.

calabacines cremosos con nueces

4 raciones
tiempo de preparación
10 minutos
tiempo de cocción
10-15 minutos

3 cucharadas de **aceite de oliva**
1 **cebolla**, picada
4 **calabacines**, en tiras
2 **ramas de apio**, en tiras
250 g de **queso suave con ajo**
100 g de **nueces**
sal y pimienta

Caliente el aceite en una sartén grande; añada la cebolla y rehóguela durante 5 minutos. Agregue los calabacines y el apio y cuézalos durante 4 o 5 minutos, hasta que queden blandos y comiencen a dorarse.

Incorpore el queso y continúe la cocción unos 2 o 3 minutos para que éste se funda. Mézclelo con las nueces, salpimiente y sirva el plato inmediatamente.

Para preparar calabacines al curry, rehogue la cebolla como se indica en la receta, añada 2 patatas pequeñas cortadas en cuartos y cuézalas durante 2 o 3 minutos. Incorpore los calabacines, laminados, con ½ cucharadita de guindilla en polvo, la misma cantidad de de cúrcuma, 1 cucharadita de cilantro y ½ cucharadita de sal y remueva bien. Agregue 150 ml de agua, tape la olla y cocine a fuego lento de 8 a 10 minutos, hasta que las patatas estén tiernas.

ensalada de berenjena y calabacín

4 raciones
tiempo de preparación
15 minutos
tiempo de cocción **4-6 minutos**

2 **berenjenas**, en rodajas finas
2 **calabacines**, en rodajas
finas
3 cucharadas de **aceite de oliva**
125 g de **queso feta**

para el **aliño de miel a la menta**
50 g de **hojas de menta**
no muy picadas, más
unas hojitas para decorar
1 cucharada de **miel**
1 cucharadita de **mostaza
inglesa**
2 cucharadas de **jugo de lima**
sal y pimienta

Pinte las rodajas de berenjena y calabacín con el aceite. Caliente la parrilla a máxima potencia y ase las verduras durante 2 o 3 minutos por cada lado, hasta que estén ligeramente cocidas.

Colóquelas en un plato llano, desmenuce el queso feta y espárzalo sobre las hortalizas.

Mezcle todos los ingredientes para la salsa en un cuenco pequeño y salpimiente. Viértala sobre la ensalada y remueva para impregnar bien las verduras. Reparta unas cuantas hojas de menta para adornar y sirva con panecillos tostados o pan crujiente tipo baguete.

Para preparar una salsa *tahini* como alternativa al aliño de miel a la menta, vierta 2 cucharadas de *tahini* en un cuenco y bátalas junto con 4 cucharadas de yogur natural y 1-2 cucharadas de agua fría para lograr una consistencia suave. Añada 2 cucharadas de perejil picado y 1 diente de ajo majado. Aliñe la ensalada y remueva bien.

ensalada de fideos tailandeses con pollo

4 raciones
tiempo de preparación
10 minutos
tiempo de cocción **10 minutos**

250 g de **fideos de arroz finos**
6 cucharadas de **salsa
tailandesa de guindilla dulce**
2 cucharadas de **salsa
de pescado tailandesa**
el jugo de 2 **limas**
2 **pechugas de pollo** asadas,
sin hueso ni piel
1 **pepino**, en finas tiras
1 **guindilla roja**, picada fina
1 puñadito de **hojas de cilantro**

Ponga los fideos en un cuenco grande resistente
al calor y cúbralos con agua hirviendo. Déjelos reposar
de 6 a 8 minutos, hasta que se ablanden y, a continuación,
escúrralos y enjuáguelos bajo el grifo.

Bata en un cuenco la salsa de guindilla junto con la de
pescado y el jugo de lima. Corte el pollo en tiras y mézclelo
bien con el aliño para que se fusionen los sabores.

Añada los fideos, el pepino y la guindilla y remueva
suavemente. Aderece el plato con las hojas de cilantro
y sírvalo inmediatamente.

**Para preparar una ensalada de frutos del mar con
fideos**, sustituya el pollo por 500 g de langostinos cocidos
y pelados y 200 g de mejillones, y el cilantro por un puñadito
de hojas de albahaca fresca.

ensalada de fresas y pepino

4-6 raciones

tiempo de preparación
10 minutos, más tiempo
de refrigerado

1 **pepino grande**, cortado por
la mitad a lo largo y en rodajas
finas
250 g de **fresas**, cortadas
por la mitad, o en cuartos
si son grandes

para el **aliño balsámico**
1 cucharada de **vinagre
balsámico**
1 cucharadita de **mostaza
en grano**
1 cucharadita de **miel clara**
3 cucharadas de **aceite de oliva**
sal y pimienta

Coloque las rodajas de pepino y las fresas troceadas
en una fuente llana.

Vierta los ingredientes para el aliño en un recipiente
con tapón de rosca, salpimiente y agite bien.

Rocíe el aliño sobre los pepinos y las fresas. Remueva
con suavidad, tape la fuente y refrigere de 5 a 10 minutos
antes de servir.

Para preparar una ensalada de pepino y eneldo, elabore
los pepinos como se indica en la receta y póngalos en
un colador sobre un plato o bien en el fregadero. Añada
2 cucharaditas de sal y déjelos reposar de 20 a 30 minutos
para eliminar el exceso de humedad. Aclárelos bajo el
grifo, escúrralos completamente y póngalos en una fuente
de servir. En un cuenco, mezcle 4 cucharadas de yogur
griego, 1 cucharadita de vinagre de vino blanco, 2 cucharadas
de eneldo picado, sal y pimienta. Vierta el aliño sobre los
pepinos, remueva con suavidad y sirva el plato decorado
con ramitas de eneldo.

ensalada de garbanzos con guindilla

4 raciones
tiempo de preparación
   10 minutos, más tiempo
   de reposo

2 tarros de unos 400 g
   de **garbanzos**, aclarados
   y escurridos
2 **tomates pera**, troceados
4 **cebolletas**, en rodajas finas
1 **guindilla roja**, sin pepitas
   y en rodajas
4 cucharadas de **hojas
   de cilantro** picado
pan tipo pita, tostado y cortado
   en tiras, para servir

para el **aliño de limón**
2 cucharadas de **jugo de limón**
1 **diente de ajo**, majado
2 cucharadas de **aceite de oliva**
sal y pimienta

Ponga todos los ingredientes en un cuenco poco profundo.

Eche los ingredientes del aliño en un frasco con tapón de rosca, salpimiente al gusto y agite bien. Vierta la preparación sobre la ensalada y remueva para que todo quede bien cubierto.

Tape la ensalada y déjela reposar a temperatura ambiente durante 10 minutos a fin de que los sabores se mezclen bien. Sirva el plato acompañado de tiras de pan tipo pita tostado.

Para preparar una ensalada de judías blancas y tomates secados al sol, mezcle 2 latas de 400 g de judías, aclaradas y escurridas, 125 g de tomates secados al sol en aceite, escurridos y picados toscamente, 1 cucharada de aceitunas negras sin hueso y bien troceadas, 2 cucharaditas de alcaparras y la misma cantidad de hojas de tomillo picadas. Vierta el aliño de limón y deje reposar como se indica en la receta. Sírvala acompañada de unas rodajas de pan tostado tipo chapata.

ensalada de chorizo, huevo y chapata

4 raciones
tiempo de preparación
10 minutos
tiempo de cocción **10 minutos**

½ barra de **pan chapata**,
en dados
6 cucharadas de **aceite de oliva**
2 cucharadas de **vinagre
de vino tinto**
2 cucharaditas de **mostaza
en grano**
200 g de **chorizo**, cortado
en rodajas finas
4 puñados de **espinacas mini**
sal y pimienta

Rocíe los picatostes de pan con 2 cucharadas de aceite, dispóngalos papel para hornear y dórelos en el horno, precalentado a 200 °C, durante 10 minutos.

Mientras tanto, en un cuenco pequeño, mezcle el resto de aceite junto con el vinagre y la mostaza en grano para elaborar el aliño.

Escalfe los huevos a fuego lento en una cacerola grande con agua durante 5 minutos. Fría el chorizo en una sartén a fuego medio durante 3 o 4 minutos, o hasta que quede crujiente y completamente cocido.

Mezcle las espinacas, el chorizo y un poco del aliño en un cuenco o ensaladera. Distribúyalo en 4 platos, esparza unos cuantos picatostes de chapata en cada ración y corónela con el huevo escalfado. Rocíe el plato con el resto del aderezo, salpimiente al gusto y sírvalo inmediatamente.

Para preparar *fatoush* con pita, otra típica ensalada que incluye picatostes, en este caso de pita, mezcle en una ensaladera 2 pimientos verdes sin corazón ni semillas, cortados en dados, ½ pepino, también en dados, 4 tomates maduros troceados; 1 cebolla roja picada fina, 2 dientes de ajo majados, 2 cucharadas de perejil picado y 1 cucharada de menta y de cilantro picados, y condimente la ensalada con aliño de limón (*véase* pág. 78). Tueste dos panes tipo pita en una sartén o una parrilla precalentada y córtelos en pequeños trozos, que mezclará con la ensalada. Tape el plato y déjelo reposar a temperatura ambiente durante 30 minutos para conseguir una perfecta fusión de sabores.

ensalada griega con queso feta

4 raciones
tiempo de preparación
15 minutos

4 **tomates**, en cuñas
½ **pepino**, cortado en dados
1 **pimiento verde**, sin corazón
 ni semillas, cortado en aros
1 **cebolla roja**, en rodajas finas
200 g de **queso feta**, en dados
100 g de **aceitunas negras**
 sin hueso
4 cucharadas de **aceite de oliva**
2 cucharadas de **vinagre**
 de vino blanco
2-3 cucharaditas de **orégano**
 picado fino
sal y pimienta

Disponga los tomates, el pepino, el pimiento verde
y la cebolla en una fuente de servir.

Añada el queso feta y las aceitunas. Salpimiente
generosamente y aliñe con aceite y vinagre. Espolvoree
el orégano sobre la ensalada y ya estará lista para servir.

**Para preparar una ensalada de sandía, feta y pipas
de girasol**, añada 200 g de dados de sandía al resto de
los ingredientes propuestos en la receta. Tueste 2 cucharadas
de pipas de girasol y espárzalas antes de servirla.

ensalada de apio, cebolla roja y patata

4 raciones
tiempo de preparación
10 minutos
tiempo de cocción
10-15 minutos

500 g de **patatas nuevas**,
cortadas por la mitad
1 **bulbo de hinojo pequeño**,
sin corazón, cortado por
la mitad y en rodajas finas
2 **tallos de apio**, en rodajas finas
1 **cebolla roja**, cortada por
la mitad y en rodajas finas
hojas de apio o **ramitas
de eneldo**, para decorar
(opcional)

para el **aliño de mayonesa**
150 g de **mayonesa**
2 cucharaditas de **mostaza
en grano**
2 cucharaditas de **eneldo**
muy picado
sal y pimienta

Cueza la patatas en una cacerola grande con agua hirviendo
con sal de 10 a 15 minutos, o hasta que estén blandas.

Mientras tanto, mezcle el hinojo, el apio y la cebolla en un
cuenco poco hondo. Para preparar el aliño, incorpore todos
los ingredientes en un cuenco y salpimiente al gusto.

Ponga las patatas en un colador, aclárelas bajo el grifo y
escúrralas de nuevo. Añádalas a la ensalada, agregue el aliño
de mayonesa y remueva bien. Si lo desea, puede decorar
el plato con unas cuantas hojas de apio o ramitas de eneldo
antes de servirlo a la mesa.

Para preparar una vinagreta a las finas hierbas, a modo
de fresca y aromática alternativa al aliño de mayonesa
propuesto, mezcle en un frasco 4 cucharadas de
aceite de oliva, 1 cucharada de perejil picado, 1 cucharada
de albahaca picada, 1 cucharadita de ralladura de limón, y
1 cucharada de vinagre de vino blanco, sal y pimienta agite
bien. Incorpórelo a las hortalizas de la ensalada como se
indica en la receta y decore el plato con unas hojitas de
albahaca.

ensalada *gado gado*

4 raciones
tiempo de preparación
 15 minutos
tiempo de cocción **10 minutos**

para la **ensalada**
4 **huevos**
1 **lechuga iceberg**, en juliana
2 **zanahorias**, en bastoncitos
½ **pepino**, en bastoncitos
½ **pimiento rojo**, sin corazón
 ni semillas, en bastoncitos

para el **aliño de cacahuete**
4 cucharadas de **mantequilla
 de cacahuete crujiente**
el **jugo** de 1 **limón**
1 cucharada de **miel clara**
1 cucharada de **salsa de soja**
½ cucharadita de **guindilla roja**
 picada fina

Ponga los huevos en una cacerola con agua fría y llévela
a ebullición. Cuézalos durante 10 minutos y, a continuación,
sumérjalos en agua fría. Pele los huevos y córtelos por la mitad.

Disponga el resto de los ingredientes de la ensalada en
un cuenco y añada los huevos cocidos.

Vierta los ingredientes para la salsa en una cacerola
y caliéntelos suavemente, removiendo hasta que se mezclen
bien. Rocíe la ensalada con el aliño y sirva inmediatamente,
o bien preséntela en un recipiente aparte, a modo de salsa
para untar.

Para preparar una ensalada *gado gado* con fideos y tofu,
y servirla como plato principal, mientras cuece los huevos
como se indica en la receta, hierva en una cacerola
300 g de fideos finos al huevo durante 4 minutos, o hasta
que se hayan ablandado. Escúrralos, enfríelos bajo el grifo
y repártalos sobre una fuente para servir. Con la ayuda de
papel de cocina, retire el exceso de líquido de 125 g de tofu
y córtelo en dados. Caliente un poco de aceite de cacahuete
en una sartén y fría a fuego fuerte los dados de tofu hasta
que queden crujientes y dorados. Retírelos con la ayuda
de una espumadera y colóquelos sobre un plato cubierto
con papel de cocina para eliminar el exceso de aceite.
Monte la ensalada como se indica en la receta, dispuesta
sobre los fideos, y corone el plato con los dados de tofu.
Vierta la salsa por encima y sírvala tibia.

ensalada de huevos
pasados por agua y beicon

4 raciones
tiempo de preparación
10 minutos
tiempo de cocción **10 minutos**

4 rodajas gruesas de **pan**
del día anterior
6 cucharadas de **aceite de oliva**
4 **huevos**
1 cucharada de **mostaza**
de Dijon
el **jugo** de ½ **limón**
100 g de **beicon**, en trozos
pequeños
100 g de **roqueta**
sal y pimienta

Corte el pan en pequeños trozos y fríalo en 2 cucharadas de aceite. Colóquelos en un plato con papel de cocina para eliminar el exceso de aceite. A continuación, extiéndalos sobre papel para hornear e introdúzcalos en el horno, precalentado a 200 °C, durante 10 minutos, hasta que se doren.

Mientras tanto, cueza los huevos en una cacerola con agua hirviendo durante 4 minutos. Escúrralos y enfríelos bajo el grifo durante 1 minuto.

Mezcle en un cuenco el resto del aceite, la mostaza y el jugo de limón.

Caliente una sartén antiadherente, agregue el beicon y sofríalo a fuego medio durante 5 minutos, hasta que quede crujiente y dorado, y póngalo en una ensaladera junto con la roqueta.

Pele los huevos, córtelos por la mitad y añádalos al beicon y la roqueta. Incorpore los picatostes, rocíe la ensalada con el aliño, salpimiente al gusto y sírvala inmediatamente.

Para preparar una salsa cremosa de yogur, como alternativa al aderezo de mostaza, mezcle 4 cucharadas de aceite de oliva, el jugo de 1 limón, 6 cucharadas de yogur natural, 1 diente de ajo majado, 1 cucharadita de miel clara y la misma cantidad de orégano seco.

arroces y pastas

arroz con tomate y beicon

4 raciones
tiempo de preparación
   10 minutos, más tiempo
   de reposo
tiempo de cocción
   unos 20 minutos

2 cucharadas de **aceite de oliva**
2 **puerros grandes**, en rodajas
1 **diente de ajo** majado
200 g de **beicon**, picado
400 g de **tomates de lata**,
   triturados
250 g de **arroz de grano largo**
750 ml de **caldo de pollo**
sal y pimienta
perejil bien picado, para decorar

Caliente el aceite en una cacerola; añada los puerros, el ajo y el beicon y rehogue a fuego medio durante unos minutos, hasta que comiencen a dorarse. Agregue el tomate triturado y el arroz y remueva durante 1 minuto.

Vierta el caldo y salpimiente al gusto. Baje el fuego, tape la cacerola y cocine de 12 a 15 minutos, o hasta que el arroz esté tierno y haya absorbido todo el caldo.

Retírelo del fuego y déjelo reposar 10 minutos. Remueva bien, decore el plato con un poco de perejil y sírvalo inmediatamente.

Para preparar caldo de pollo casero, corte en 3 o 4 trozos una carcasa de pollo hervida y póngala en una cacerola junto con 1 cebolla, 2-3 zanahorias y 1 rama de apio, todo ello bien picado. Añada 1 hoja de laurel, 3-4 tallos de perejil y 1 ramita de tomillo. Agregue 1,8 l de agua fría y llévelo a ebullición, retirando la espuma que aparezca en la superficie. Baje el fuego y cocine a fuego lento de 2 horas a 2 horas 30 minutos. Una vez transcurrido este tiempo, fíltrelo con ayuda de un colador forrado con una muselina. Si no va a utilizar el caldo inmediatamente, déjelo enfriar antes de taparlo y conservarlo en la nevera.

macarrones con queso, jamón y mostaza

4 raciones
tiempo de preparación
5 minutos
tiempo de cocción **15 minutos**

350 g de **pasta seca tipo
macarrones**
250 g de **mascarpone**
100 g de **queso cheddar**
100 ml de **leche**
2 cucharaditas de **mostaza
de Dijon**
400 g de **jamón curado**,
cortado a dados
sal y pimienta
perejil de hoja plana,
para decorar

Cueza la pasta en una cacerola grande con agua hirviendo con sal siguiendo las instrucciones del paquete hasta que esté al dente. Escúrrala y póngala en una fuente de servir. Tápela y manténgala templada.

Caliente poco a poco el mascarpone, el cheddar, la leche y la mostaza en una cacerola hasta que se derritan y adquieran la consistencia de una salsa. Añada el jamón, remueva bien y cocine durante 1 o 2 minutos. Salpimiente al gusto.

Sirva los macarrones con la salsa de queso por encima, coronados con el perejil picado.

Para preparar una salsa de espinacas, aceite de oliva y limón, un acompañamiento ideal para este plato, enjuague 625 g de espinacas en agua fría, póngalas en una cacerola, sólo con el agua que ha quedado en las hojas, y sazone al gusto. Tápelas y cuézalas a fuego medio, removiendo de vez en cuando, de 5 a 7 minutos, para que queden tiernas. Escúrralas en un colador, póngalas de nuevo en la cacerola enjuagada y rehogue a fuego fuerte hasta que el resto del agua se haya evaporado por completo. Añada 2 cucharadas de mantequilla y 2 dientes de ajo bien picados y continúe removiendo hasta que todo esté mezclado. Páselo a un plato caliente; rocíelo con 4 cucharadas de aceite de oliva y 2 cucharadas de jugo de limón, salpimiente al gusto y sírvalo inmediatamente junto con la pasta.

pasta con berenjena y piñones

4 raciones
tiempo de preparación
10 minutos
tiempo de cocción **15 minutos**

8 cucharadas de **aceite de oliva**
2 **berenjenas**, en dados
2 **cebollas rojas,** en rodajas
75 g de **piñones**
3 **dientes de ajo**, majados
5 cucharadas de **pasta de tomate**
150 ml de **caldo vegetal**
300 g de **pasta fresca**, tipo cintas, a la pimienta o con sabor a tomate o setas.
100 g de **aceitunas negras** sin hueso
sal y pimienta
3 cucharadas de **perejil de hoja plana**, ligeramente picado, para decorar

Caliente el aceite en una sartén grande; agregue las berenjenas y las cebollas y rehogue de 8 a 10 minutos, hasta que estén doradas. Añada los piñones y el ajo y remueva durante 2 minutos. Incorpore la pasta de tomate y el caldo y cocine a fuego lento 2 minutos más.

Mientras tanto, cueza las cintas en una cacerola grande con agua hirviendo con sal durante 2 minutos, o hasta que estén al dente.

Escurra bien la pasta y póngala de nuevo en la cacerola. Agregue el salteado de verduras y las aceitunas, sazone al gusto y rehogue a fuego medio durante 1 minuto para que los ingredientes se mezclen bien. Sirva el plato decorado con el perejil.

Para preparar una tartera de patata, berenjena y tomate, hierva 4 patatas en una cacerola grande con agua con sal el tiempo justo para que queden tiernas. Mientras tanto, siga el primer paso de la receta anterior, pero prescinda de los piñones y añada sólo las 2 cucharadas de pasta de tomate, junto con 3 tomates grandes, triturados y sin piel, y el caldo. Cocine a fuego lento unos 5 minutos; corte en láminas las aceitunas e incorpórelas a la mezcla. Póngalo en una fuente de horno. Escurra las patatas, córtelas en rodajas y colóquelas superpuestas sobre las verduras. Espolvoree con 4 cucharadas de parmesano rallado y hornee a 200 °C, de 35 a 40 minutos, hasta que la superficie quede dorada.

pasta con crema de queso azul

4 raciones

tiempo de preparación
  10 minutos
tiempo de cocción **10 minutos**

375 g de **pasta seca tipo**
  conchiglie rigate
2 cucharadas de **aceite de oliva**
6 **cebolletas**, en rodajas finas
150 g de **queso** *dolcelatte*,
  en dados
200 g de **crema de queso**
sal y pimienta
3 cucharadas de **cebollino**
  picado, para decorar

Cueza la pasta en una cacerola grande con agua hirviendo con sal siguiendo las instrucciones del paquete hasta que esté al dente.

Mientras tanto, caliente el aceite en una sartén grande; añada las cebolletas y rehogue a fuego medio durante 2 o 3 minutos. Incorpore los quesos y remueva hasta que adquiera a la textura de una salsa suave.

Escurra las *conchiglie rigate* y dispóngalas en una fuente de servir. Mézclelas con la salsa y salpimiente al gusto. Decore el plato con el cebollino picado y sírvalo inmediatamente.

Para preparar saquitos de pasta *filo* con queso y puerros, fría 3 puerros en rodajas finas hasta que se comiencen a dorar y déjelos enfriar. Mézclelos con los quesos, como se indica en la receta, y añada 3 cucharadas de cebollino. Derrita 75 g de mantequilla en una cacerola. Coloque 8 láminas de pasta *filo* sobre una bandeja y cúbralas con un paño húmedo. Trabajando con una única lámina de pasta *filo* cada vez, córtela en 3 tiras del mismo tamaño y píntelas con la mantequilla. Ponga 1 cucharadita de crema de queso en uno de los bordes de cada tira. Doble una esquina en diagonal para albergar la crema y siga doblando hasta el final de la tira, de manera que dé como resultado un saquito triangular. Píntelo con la mantequilla derretida y dispóngalo en una bandeja de horno. Repita el proceso con el resto de la crema y la pasta *filo* hasta conseguir unos 24 saquitos. Hornéelos a 200 °C, de 8 a 10 minutos, hasta que estén bien dorados y sírvalos calientes.

pilaf de atún y maíz dulce

4 raciones
tiempo de preparación
 10 minutos
tiempo de cocción
 15-20 minutos

2 cucharadas de **aceite de oliva**
1 **cebolla**, troceada
1 **pimiento rojo** picado,
 sin corazón ni semillas
1 **diente de ajo**, majado
250 g de **arroz de grano largo
 de fácil cocción**
750 ml de **caldo de pollo**
325 g de **maíz dulce de lata**,
 bien escurrido
200 g de **atún al natural de lata**,
 escurrido
sal y pimienta
6 **cebolletas** picadas, para
 decorar

Caliente el aceite en una cacerola; añada la cebolla, el pimiento rojo y el ajo y rehogue hasta que estén tiernos. Agregue el arroz, remueva bien, incorpore el caldo y salpimiente al gusto.

Llévelo a ebullición, baje el fuego y cueza a fuego lento, removiendo de vez en cuando, de 10 a 15 minutos, hasta que el caldo se haya absorbido y el arroz esté blando.

Incorpore el maíz y el atún, mézclelo bien y caliéntelo unos instantes a fuego lento. Sirva el plato inmediatamente, decorado con la cebolleta picada.

Para preparar un pastel de *pilaf* para pícnic, ponga el arroz con verduras (cocinado siguiendo las instrucciones de la receta) en un molde antiadherente para tartas de unos 23 cm de diámetro. En un cuenco, bata 4 huevos, junto con 4 cucharadas de perejil bien picado, salpimiente y viértalos sobre el arroz. Introdúzcalo en el horno, precalentado a 180 °C, de 25 a 30 minutos, hasta que el huevo se cuaje. Déjelo enfriar, desmóldelo y sírvalo cortado en porciones triangulares.

fettuccine con verduras de verano

4 raciones
tiempo de preparación
10 minutos
tiempo de cocción **15 minutos**

250 g de **espárragos trigueros**,
   limpios y cortados en trozos
   de unos 5 cm de longitud
125 g de **judías verdes**
400 g de **pasta seca tipo**
   fettuccine o *pappardelle*
200 g de **calabacines mini**
150 g de **champiñones**
1 cucharada de **aceite de oliva**
1 **cebolla pequeña**, bien picada
1 **diente de ajo**, bien picado
4 cucharadas de **jugo de limón**
2 cucharaditas de **estragón**
   picado
2 cucharaditas de **perejil** picado
100 g de **mozzarella ahumada**,
   muy troceada
sal y pimienta

Hierva los espárragos y las judías verdes durante 3 o 4 minutos y refrésquelos bajo el grifo. Escúrralos y resérvelos.

Cueza la pasta en una cacerola grande con agua con sal hirviendo siguiendo las instrucciones del paquete.

Mientras tanto, corte los calabacines y los champiñones por la mitad a lo largo. Caliente el aceite en una sartén grande y rehogue la cebolla y el ajo durante 2 o 3 minutos. Añada los calabacines y los champiñones y sofríalos 3 o 4 minutos. Incorpore los espárragos y las judías verdes y saltee 1 o 2 minutos más antes de añadir el jugo de limón y las hierbas.

Escurra la pasta y póngala de nuevo en la cacerola. Agregue el salteado de verduras, la mozzarella, sal y pimienta y remueva suavemente para mezclar todo bien.

Para preparar pan de ajo y queso, como acompañamiento de la pasta, corte una baguete en rebanadas de 2,5 cm de grosor, pero sin llegar hasta la corteza inferior, para que las rebanadas se mantengan unidas en la base. En un tazón, mezcle 125 g de mantequilla ablandada, 1 ajo majado, 1 ½ cucharada de perejil bien picado y 125 g de parmesano rallado. Extienda la crema de mantequilla en ambos lados de las rebanadas de pan y en la parte superior del pan. Envuelva la baguete en papel de aluminio, colóquela sobre la bandeja del horno y hornee a 190 °C, durante 15 minutos. Abra con cuidado el papel de aluminio y dóblelo. Después, hornee otros 5 minutos. Corte el pan en rebanadas y sírvalo caliente.

risotto de zanahorias, guisantes y habas

4 raciones
tiempo de preparación
15 minutos
tiempo de cocción
unos 25 minutos

4 cucharadas de **mantequilla**
2 cucharadas de **aceite de oliva**
1 **cebolla grande**, bien picada
2 **zanahorias**, bien picadas
2 **dientes de ajo**, muy picados
350 g de **arroz para** *risotto*
200 ml de **vino blanco**
1,5 l de **caldo vegetal**,
    calentado a fuego lento
200 g de **guisantes
    congelados**, previamente
    descongelados
100 g de **habas congeladas**,
    previamente descongeladas
50 g de **parmesano** rallado
1 manojo de **perejil de hoja
    plana**, picado
sal y pimienta

Derrita la mantequilla en una cacerola; añada la cebolla, las zanahorias y el ajo y rehogue unos 3 minutos. Agregue el arroz y remueva bien para que se impregne con el sofrito. Vierta el vino blanco y remueva rápidamente hasta que se haya evaporado por completo.

Incorpore el caldo caliente, cucharón a cucharón, y cocine, sin dejar de remover, hasta que cada cucharada se absorba antes de añadir la siguiente. Continúe con el resto del caldo hasta que el arroz esté cremoso y cocido (este proceso puede llevarle unos 15 minutos).

Agregue los guisantes y las habas y cocínelos de 3 a 5 minutos más. Retire la cacerola del fuego y mezcle el arroz con el parmesano y el perejil. Sazone al gusto y sírvalo inmediatamente.

Para preparar bolitas de *risotto* a la italiana, deje enfriar el *risotto* y resérvelo en la nevera durante toda la noche. Transcurrido este tiempo, amase bolitas del tamaño de una nuez. Bata 2 huevos en un cuenco y reboce las bolitas de arroz, pasándolas primero por el huevo y después por 100 g de pan rallado. Llene una tercera parte de una cacerola honda con aceite vegetal y caliéntelo de 180 a 190 °C (para saber si el aceite ha adquirido la temperatura deseada dore un trozo de pan; debe estar listo en unos 30 segundos). Dore las bolitas en pequeñas cantidades durante 2 o 3 minutos, retírelas con la ayuda de una espumadera y colóquelas en un plato con papel de cocina para que escurran el exceso de aceite antes de servirlas.

tortellini con pimiento rojo y queso

4 raciones
tiempo de preparación
   10 minutos, más tiempo
   de enfriado
tiempo de cocción **15 minutos**

2 **pimientos rojos**
2 **dientes de ajo** picados
8 **cebolletas**, en rodajas finas
500 g de ***tortellini* frescos**
   rellenos de queso
   u otro ingrediente
175 ml de **aceite de oliva**
25 g de **parmesano**, bien rallado
sal y pimienta

Corte los pimientos en trozos grandes y retire el corazón y las semillas. Dispóngalos en una parrilla con la parte de la piel hacia arriba y áselos hasta que la piel se ennegrezca y comiencen a salir pequeñas ampollas. Introdúzcalos en una bolsa de plástico para alimentos, ate la parte superior y, una vez fríos, retíreles la piel.

Ponga los pimientos, junto con el ajo, en una picadora o robot de cocina y mézclelo todo muy bien. Agregue las cebolletas y reserve.

Cueza los *tortellini* en una cacerola grande con agua hirviendo con sal siguiendo las instrucciones del paquete hasta que queden al dente. Escúrralos e introdúzcalos de nuevo en la cacerola.

Vierta la mezcla de pimientos sobre la pasta y añada el aceite y el queso parmesano. Salpimiente al gusto y sirva el plato inmediatamente.

Para preparar una ensalada tibia de *tortellini* con jamón y pimiento rojo, ase los pimientos como se indica en la receta y córtelos en tiras finas. Mientras los *tortellini* se están cociendo, corte 1 cebolla roja en rodajas finas. Escurra la pasta y mézclela con 125 g de jamón cocido picado, 200 g de roqueta, la cebolla y los pimientos rojos, y sírvala inmediatamente.

linguine con gambas, guindilla y limón

4 raciones
tiempo de preparación
15 minutos
tiempo de cocción,
unos 10 minutos

375 g de *linguine*
o **espaguetis secos**
150 g de **mantequilla**
1 cucharada de **aceite de oliva**
1 **diente de ajo**, bien picado
2 **cebolletas**, en rodajas finas
2 **guindillas rojas**, sin semillas
y muy picadas
450 g de **langostinos** pelados
congelados, previamente
descongelados
2 cucharadas de **jugo de limón**
2 cucharadas de **cilantro** bien
picado
sal y pimienta

Cueza la pasta en una cacerola grande con agua hirviendo con sal, siguiendo las instrucciones del paquete. Cuando la pasta esté medio hecha, derrita la mantequilla con el aceite en una sartén antiadherente y añada el ajo, las cebolletas y las guindillas y sofríalos, sin dejar de remover, durante 2 o 3 minutos.

Agregue los langostinos y cuézalos. Incorpore el jugo de limón y el cilantro y remueva para que los ingredientes se mezclen bien. Retírelo del fuego y reserve.

Escurra la pasta y póngala en la sartén o colóquela en una fuente de servir, junto con la mezcla de langostinos. Salpimiente al gusto y sirva el plato inmediatamente.

Para preparar fideos con calamares, guindilla y limón, limpie y corte 450 g de calamares pequeños y colóquelos planos sobre una tabla. Con un cuchillo afilado, realice una cruz en la carne y corte los tentáculos en pequeños trozos. En una cacerola grande con agua hirviendo con sal, cueza 375 g de pasta seca al huevo, siguiendo las instrucciones del paquete, pero sólo hasta que se ablande. Mientras tanto, caliente 2 cucharadas de aceite de cacahuete en una sartén grande o wok; añada 2 ajos finamente laminados y un trozo de unos 2,5 cm de jengibre fresco, pelado y cortado, juntamente con las cebolletas y las guindillas y rehogue durante 2 minutos. Añada el calamar, sofría durante 2 o 3 minutos más e incorpore el jugo de 1 lima, 2 cucharadas de salsa de soja, 1 cucharada de salsa tailandesa de pescado y 2 cucharadas de cilantro picado. Una vez que haya mezclado todos los ingredientes, retire la sartén o wok del fuego, escurra los fideos, incorpórelos al sofrito de calamar y sírvalos.

pasta con salsa de tomate y albahaca

4 raciones
tiempo de preparación
10 minutos
tiempo de cocción **10 minutos**

400 g de **espaguetis**
5 cucharadas de **aceite de oliva**
5 **dientes de ajo**, muy picados
6 **tomates en rama maduros**,
   pelados y troceados
25 g de **hojas de albahaca**
sal y pimienta

Cueza la pasta en una cacerola grande con agua hirviendo con sal, siguiendo las instrucciones que se indican en el paquete.

Mientras tanto, caliente el aceite en una sartén y sofría el ajo durante 1 minuto. Tan pronto como el ajo comience a cambiar de color, retire la sartén del fuego y añada el resto del aceite.

Escurra la pasta y póngala de nuevo en la cacerola. Vierta el aceite con el ajo e incorpore los tomates troceados y las hojas de albahaca. Salpimiente al gusto y mézclelo todo bien. Sirva el plato inmediatamente.

Para preparar una pizza rápida de tomate y albahaca, elabore el aceite con ajo como se indica en la receta, pero utilice 4 cucharadas de aceite y 4 dientes de ajo. Mientras, pele los tomates, retire las semillas y trocéelos como se ha indicado. Retire la mitad del aceite de la sartén y resérvelo; añada los tomates y la mitad de la albahaca, salpimiente y cocine a fuego lento mientras elabora la masa. Tamice 250 g de harina con levadura y póngala en un cuenco, junto con 1 cucharadita de sal. Vierta gradualmente 150 ml de agua templada y mezcle bien hasta formar una masa suave. Trabaje la pasta con las manos hasta formar una bola. Amásela en una superficie ligeramente enharinada hasta que quede suave y manejable. Modele un círculo de unos 30 cm de diámetro, dejando los bordes un poco más gruesos que el centro y colóquelo en una bandeja de horno caliente. Extienda la salsa de tomate sobre la base, cúbrala con 125 g de lonchas de mozzarella y rocíela con el resto del aceite de ajo. Hornee en el horno, precalentado a 240 °C, durante 15 minutos. Esparza el resto de las hojas de albahaca y sirva.

risotto de calabacín y hierbas aromáticas

4 raciones
tiempo de preparación
10 minutos
tiempo de cocción
unos 20 minutos

4 cucharadas de **mantequilla**
2 cucharadas de **aceite de oliva**
1 **cebolla grande**, bien picada
2 **dientes de ajo**, muy picados
350 g de **arroz para** *risotto*
200 ml de **vino blanco**
1,5 l de **caldo vegetal**,
  calentado a fuego lento
200 g de **espinacas mini**
  troceadas
100 g de **calabacín**, troceado
50 g de **parmesano**, rallado
unas ramitas de **hojas de eneldo**,
  menta y cebollino muy picados
sal y pimienta

Derrita la mantequilla junto con el aceite en una cacerola, la cebolla y el ajo y rehogue durante unos 3 minutos. Agregue el arroz y remueva bien para que quede impregnado del sofrito. Vierta el vino blanco y remueva rápidamente hasta que se haya evaporado por completo.

Incorpore el caldo caliente, cucharón a cucharón, y cocine, sin dejar de remover, hasta que cada cucharada se absorba antes de agregar la siguiente. Continúe con el resto del caldo hasta que el arroz esté cremoso y cocido (este proceso puede llevarle unos 15 minutos).

Añada las espinacas y los calabacines y cocine, sin dejar de remover, de 3 a 5 minutos. Retire la cacerola del fuego, espolvoree con el parmesano y las hierbas aromáticas y mézclelo todo bien. Salpimiente al gusto y sirva el *risotto* inmediatamente.

Para preparar un *risotto* de calabacín y zanahoria, rehogue las cebollas y el ajo en la mantequilla como se indica en la receta, pero incluya 2 apios bien troceados y 3 zanahorias pequeñas picadas. Siga las instrucciones de la receta hasta el final del segundo paso. Mientras tanto, corte 3 calabacines en dados de 1 cm de grosor, añádalos al *risotto* y continúe la cocción de 3 a 5 minutos. Retire la cacerola del fuego, agregue el parmesano y 1 cucharada de albahaca picada y mézclelo todo bien. Salpimiente y sirva inmediatamente.

kedgeree de judías variadas

4 raciones
tiempo de preparación
10 minutos
tiempo de cocción
15-20 minutos

2 cucharadas de **aceite de oliva**
1 **cebolla**, troceada
2 cucharadas de **curry en polvo**
250 g de **arroz de grano largo**
750 ml de **caldo de verduras**
4 **huevos**
2 latas de 400 g de **alubias variadas**, aclaradas y escurridas
150 ml de **crema agria**
sal y pimienta
2 **tomates** bien troceados, para decorar
perejil de hoja plana, para decorar

Caliente el aceite en una cacerola; agregue la cebolla, sofríala y mézclela con el arroz y el curry en polvo. Añada el caldo y salpimiente al gusto. Llévelo a ebullición, baje el fuego, tape la cacerola y cueza a fuego lento, removiendo de vez en cuando, de 10 a 15 minutos, hasta que el caldo se haya absorbido y el arroz esté blando.

Mientras tanto, ponga los huevos en una cacerola con agua fría y hiérvalos durante 10 minutos. A continuación, páselos por agua fría, pélelos y córtelos en cuñas.

Mezcle las judías y la crema agria con el arroz y caliente a fuego lento. Sirva el plato decorado con los huevos, los tomates y el perejil.

Para preparar un *pilaf* de pollo y piña, siga el primer paso de la receta anterior, pero añada 2 cucharaditas de cúrcuma junto con el curry en polvo y sustituya el caldo vegetal por caldo de pollo. Cuando vaya a incorporar la crema agria, agregue 400 g de pechuga de pollo asada, troceada, y 250 g de rodajas de piña al natural en lata, escurrida. Remueva para que todos los ingredientes se mezclen y caliente unos minutos a fuego lento. Sírvalo coronado con 3 cucharadas de cilantro picado.

pappardelle a la puttanesca

4 raciones
tiempo de preparación
   10 minutos
tiempo de cocción **15 minutos**

2 cucharadas de **aceite de oliva**
1 **cebolla**, picada
2 **guindillas rojas**, sin semillas
   y bien picadas
2 **dientes de ajo**, majados
1 cucharada de **alcaparras**
2 latas de 400 g de **tomates**
   troceados
100 g de **aceitunas negras**
   sin hueso
50 g de **filetes de anchoa
   en conserva**, escurridos
400 g de **pasta seca tipo
   pappardelle o *fettuccine***
25 g de **parmesano**, rallado
sal y pimienta

Caliente el aceite en una cacerola; añada la cebolla, las guindillas y el ajo y sofríalos hasta que estén blandos. Agregue las alcaparras, los tomates, las aceitunas y las anchoas, tápelo y déjelo cocer a fuego lento durante 10 minutos. Salpimiente al gusto.

Mientras, cueza la pasta en una cacerola grande con agua hirviendo con sal, siguiendo las instrucciones que se indican en el paquete, hasta que esté al dente.

Escúrrala y sírvala inmediatamente coronada con una generosa cantidad de salsa y queso parmesano.

Para preparar salsa de atún y aceitunas, cocine la cebolla y el ajo como se indica en la receta, pero con ½ cucharadita de guindilla seca en copos en lugar de las guindillas frescas. Sustituya las anchoas por 200 g de migas de atún en aceite vegetal bien escurridas y póngalas en la cacerola junto con las alcaparras, los tomates y las aceitunas, y cueza a fuego lento durante 10 minutos. A continuación, incorpore 200 ml de *crème fraîche* semidesnatada y remueva bien. Salpimiente y sirva la salsa sobre la pasta escurrida, coronada con parmesano y 1 cucharada de perejil picado por encima.

pastel de *fusilli*

4 raciones
tiempo de preparación
  10 minutos
tiempo de cocción **30 minutos**

1 cucharada de **aceite de oliva**
450 g de **puerros**, en rodajas
2 **dientes de ajo**, majados
4 **huevos**, batidos
150 ml de **crema de leche ligera**
125 g de **queso gruyer**, rallado
125 g de *fusilli* hervidos
sal y pimienta

Caliente el aceite en una sartén; añada los puerros y el ajo y sofríalos hasta que estén blandos.

Mezcle el sofrito con el resto de ingredientes, salpimiente al gusto y póngalo en una fuente de horno engrasada o en un molde para tartas de tamaño mediano.

Introduzca el pastel en el horno, precalentado a 180 °C, durante 25 minutos, o hasta que los huevos se hayan cuajado y la tarta comience a dorarse. Sírvala acompañada de ensalada verde.

Para preparar una tarta de macarrones con pollo y mozzarella, siga el primer paso de la receta y añada 200 g de pollo asado, cortado en trocitos, y 2 cucharadas de estragón picado, junto con 125 g de mozzarella desmenuzada y la misma cantidad de macarrones cocidos. A continuación, hornee como se indica en la receta.

carnes y aves

cordero *korma* con guisantes

4 raciones
tiempo de preparación
10 minutos
tiempo de cocción **30 minutos**

2 cucharadas de **aceite de oliva**
1 **cebolla**, picada
2 **dientes de ajo**, majados
250 g de **patatas**, cortadas
    en dados de 1,5 cm de grosor
500 g de **carne de cordero**,
    picada
1 cucharada de **curry *korma***
    en polvo
200 g de **guisantes** congelados
200 ml de **caldo vegetal**
2 cucharadas de *chutney*
    de mango
sal y pimienta
cilantro picado, para decorar

Caliente el aceite en una cacerola; añada la cebolla
y el ajo y rehogue durante 5 minutos, hasta que la
cebolla comience a dorarse. Agregue las patatas y el
cordero picado y cocine, sin dejar de remover y separando
el picadillo con la ayuda de una cuchara de madera,
otros 5 minutos, hasta que la carne esté tostada.

Incorpore el curry en polvo y sofría durante 1 minuto.
Añada el resto de los ingredientes y salpimiente
al gusto. Lleve el guiso a ebullición, baje el fuego,
tape la cacerola y cueza a fuego lento durante 20 minutos.

Retire la cacerola del fuego, decore el plato con cilantro
y sírvalo acompañado de yogur natural y arroz cocido al vapor.

Para preparar rollitos picantes al estilo hindú, corte
en juliana 200 g de lechuga iceberg y póngala en un
cuenco con 1 zanahoria ligeramente rallada. Caliente en una
sartén o parrilla 8 tortitas de harina grandes (más o menos
1 o 2 minutos por cada lado). A continuación, coloque en la
parte central de cada una de ellas un poco de lechuga con
zanahoria. Reparta el cordero *korma* (preparado según se
indica en la receta) entre las 8 tortitas y enróllelas. Si lo desea,
puede servir los rollitos acompañados de una buena porción
de yogur.

carne de cerdo con curry verde

4 raciones
tiempo de preparación
10 minutos
tiempo de cocción **20 minutos**

2 cucharadas de **aceite de oliva**
4 **chuletas de cerdo** sin hueso,
   cortadas a trozos pequeños
2 cucharadas de **pasta
   tailandesa al curry verde**
   (*véase* pág. 196)
400 ml de **leche de coco**
100 g de **judías verdes**
200 g de **castañas de agua
   de lata**, escurridas, aclaradas
   y cortadas por la mitad
el jugo de 1 **lima**, o al gusto
un puñado de **hojas de cilantro**

Caliente el aceite en una cacerola grande y dore los trozos
de cerdo durante 3 o 4 minutos. Añada la pasta de curry
y rehogue durante 1 minuto, hasta que la carne se impregne
bien del aroma.

Agregue la leche de coco y baje el fuego. Cocine a fuego
lento durante 10 minutos; a continuación, incorpore las judías
verdes y las castañas de agua y cueza 3 minutos más.

Retire la cacerola del fuego, añada jugo de lima al gusto y las
hojas de cilantro y mezcle bien. Sirva el plato inmediatamente,
acompañado de arroz hervido.

Para preparar cerdo con curry rojo, sustituya la pasta
tailandesa de curry verde por pasta tailandesa de curry rojo.
Si desea elaborar su propia salsa mezcle, con la ayuda de
un robot de cocina o una batidora, 10 guindillas rojas grandes,
2 cucharaditas de semillas de cilantro, 1 trozo de jengibre
de unos 5 cm, pelado y bien picado, 1 tallo de hierba
limonera bien picado, 4 dientes de ajo cortados por
la mitad, 1 escalonia ligeramente picada, 1 cucharadita
de jugo de lima y 2 cucharadas de aceite de cacahuete.
Otra opción es majar todos los ingredientes empleando
un mortero. En un recipiente hermético, la pasta se puede
conservar en el frigorífico durante 3 semanas.

ratatouille de pollo

2 raciones

tiempo de preparación
15 minutos

tiempo de cocción **25 minutos**

2 cucharadas de **aceite de oliva**

2 **pechugas de pollo**, sin huesos
ni piel, en trozos pequeños

65 g de **calabacines**, en rodajas

75 g de **berenjena**, en dados

150 g de **cebollas**, en rodajas
finas

50 g de **pimiento verde**,
sin corazón ni semillas,
en rodajas finas

75 g de **champiñones**, laminados

400 g de **tomates pera**
en conserva

2 **dientes de ajo**, majados

1 cucharadita de **caldo de
verduras ecológico en polvo**

1 cucharadita de **albahaca seca**

1 cucharadita de **perejil seco**

½ cucharadita de **pimienta
negra molida**

Caliente el aceite en una sartén grande y fría el pollo
durante 3 o 4 minutos, hasta que esté dorado. Añada los
calabacines, la berenjena, las cebollas, el pimiento verde
y los champiñones y rehogue, removiendo de vez en cuando,
durante 15 minutos, hasta que las verduras estén tiernas.

Incorpore los tomates y remueva suavemente. Agregue
el ajo, el caldo en polvo, las hierbas aromáticas y la pimienta
y cueza sin tapar durante 5 minutos, o hasta que el pollo
esté completamente hecho. Sírvalo inmediatamente.

**Para preparar una guarnición de patatas asadas
con romero y ajo**, vierta 2 cucharadas de aceite de oliva
en una bandeja grande y precaliente el horno a 230 °C.
Mientras, corte en cuatro trozos 750 g de patatas lavadas
y con piel y séquelas con papel de cocina. Mezcle, en un
recipiente mediano, 2 cucharadas de aceite de oliva con la
misma cantidad de romero picado y rocíe las patatas con el
aliño. Colóquelas en la fuente de horno de manera que quede
una capa uniforme. A continuación, áselas en la parte superior
del horno unos 20 minutos. Mientras, pele y lamine 4 dientes de
ajo. Saque la bandeja del horno y dé la vuelta a las patatas para
que se cuezan de manera uniforme. Reparta las láminas de ajo
sobre las patatas, introdúzcalas de nuevo en el horno y áselas
otros 5 minutos más. Salpimiéntelas al gusto y sírvalas
inmediatamente junto con el *ratatouille* de pollo.

tajín de albóndigas marroquíes

4 raciones
tiempo de preparación
15 minutos
tiempo de cocción **40 minutos**

2 **cebollas pequeñas**,
  bien picadas
2 cucharadas de **pasas**
750 g de **carne ternera** picada
1 cucharada de **puré de tomate**
3 cucharaditas de **curry en polvo**
3 cucharadas de **aceite de oliva**
½ cucharadita de **canela**
  en polvo
625 g de **tomates de lata**,
  triturados
el jugo de ½ **limón**
2 **tallos de apio**, en rodajas finas
1 **calabacín grande**
  o 2 pequeños, troceados
175 g de **guisantes congelados**

Mezcle en un cuenco la mitad de las cebollas, las pasas, la ternera picada, el puré de tomate y el curry en polvo, trabaje la preparación con las manos y forme 24 albóndigas.

Caliente 1 cucharada de aceite en una cacerola y fría las albóndigas, en tandas, hasta que queden doradas de manera uniforme. Retire el exceso de grasa y disponga todas las albóndigas en la cacerola. Añada la canela, los tomates y el jugo de limón; tape y guise a fuego lento durante 25 minutos para que las albóndigas se cuezan bien.

Mientras tanto, caliente el resto del aceite en una sartén grande, agregue el apio y los calabacines y rehóguelos hasta que estén tiernos y comiencen a dorarse. Incorpore los guisantes y cocine unos 5 minutos más, hasta que los guisantes estén tiernos.

Mezcle el sofrito de calabacín con las albóndigas, justo antes de servir el plato.

Para preparar cuscús de cilantro y albaricoque y servirlo como acompañamiento, en un recipiente resistente al calor, agregue 200 g de cuscús instantáneo y 50 g de orejones de albaricoque bien troceados. Vierta la cantidad necesaria de caldo vegetal hirviendo para cubrir el cuscús. Tápelo y déjelo reposar de 10 a 12 minutos, hasta que el agua se haya absorbido. Mientras, trocee 2 tomates maduros grandes y pique 2 cucharadas de cilantro. Esponje los granos de cuscús con la ayuda de un tenedor y colóquelo en un plato de servir previamente calentado. Mézclelo con el tomate y el cilantro, añada 2 cucharadas de aceite de oliva y salpimiente al gusto.

rollo de cerdo picante
con yogur a la menta

4 raciones
tiempo de preparación
15 minutos
tiempo de cocción
10-12 minutos

4 **escalopes de cerdo**,
de unos 125-150 g cada uno
1 **cebolla pequeña** ligeramente
picada
1 **guindilla roja** sin semillas
y picada
4 cucharadas de **cilantro** picado
la ralladura y el jugo de 1 **lima**
1 cucharada de **salsa tailandesa
de pescado**
2 **dientes de ajo**, majados
1 cucharadita de **jengibre fresco**
rallado
1 cucharadita de **comino
en polvo**
½ cucharadita de **cilantro
en polvo**
50 ml de **leche de coco**
unas **hojitas de menta**,
para decorar

para el **yogur a la menta**
200 ml de **yogur griego**
4 cucharadas de **hojas
de menta** picadas
sal y pimienta

Coloque un escalope de cerdo entre 2 trozos de film transparente y golpéelo ligeramente con un mazo hasta obtener un filete de unos 5 mm de grosor. Repita el proceso con las otras piezas.

Triture el resto de los ingredientes en un robot de cocina o picadora hasta obtener una pasta gruesa. Extienda una cuarta parte de la pasta sobre un escalope de cerdo, enróllelo bien y asegúrelo con un palillo para cócteles. Haga lo mismo con los otros tres.

Coloque los rollos en una fuente e introdúzcalos en el horno, precalentado a 200 °C, de 10 a 12 minutos, o hasta que estén bien hechos.

Mientras tanto, para elaborar el yogur a la menta, vierta el yogur en un cuenco, mézclelo con la menta picada y salpiméntelo. Sirva los rollos calientes, con una generosa cantidad de yogur a un lado y, si lo desea, decórelos con unas hojas de menta.

Para preparar una salsa *satay*, y servirla con los rollos de cerdo en lugar del yogur, caliente 1 cucharada de aceite de cacahuete en una sartén; añada 1 ajo majado y saltéelo, sin dejar de remover, durante 2 o 3 minutos. Agregue 4 cucharadas de mantequilla de cacahuete crujiente, ¼ de cucharadita de copos de guindilla, 1 cucharada de salsa de soja oscura, 1 cucharada de jugo de lima, 1 cucharada de miel clara y 2 cucharadas de leche de coco y caliéntelo a fuego lento, sin dejar de remover, hasta que rompa a hervir. Sirva la salsa tibia como acompañamiento de los rollos.

pollo rápido al curry

4 raciones
tiempo de preparación
5 minutos
tiempo de cocción
20-25 minutos

3 cucharadas de **aceite de oliva**
1 **cebolla**, picada fina
4 cucharadas de **pasta de curry**
8 **muslos de pollo**, sin huesos
ni piel y cortados en tiras finas.
400 g de **tomates de lata**,
troceados
250 g de **brócoli**, en pequeños
ramiltos, con los tallos pelados
y troceados
100 ml de **leche de coco**
sal y pimienta

Caliente el aceite en una cacerola antiadherente, y saltee
la cebolla durante 3 minutos, hasta que se ablande. Añada la
pasta de curry y rehogue, sin dejar de remover, 1 minuto.

Agregue el pollo, los tomates, el brócoli y la leche de coco.
Una vez que haya alcanzado el punto de ebullición, baje el fuego,
tape la cacerola y cocine a fuego lento de 15 a 20 minutos.

Retire la cacerola del fuego, salpimiente generosamente
y sirva el plato de inmediato.

**Para preparar empanadillas de frutos del mar con salsa
de curry**, siga el primer paso de la receta y añada los
tomates, 200 g de espinacas y la leche de coco y cocine
según se indica. Mientras, mezcle, con ayuda de un robot
de cocina, 375 g de filetes de pescado blanco cortados
en trozos grandes y 175 g de gambas peladas cocidas,
previamente descongeladas y troceadas. Como alternativa,
también puede picar bien los ingredientes y mezclarlos
de forma manual. Póngalos en un cuenco, añada 4 cebolletas
bien troceadas, 2 cucharadas de cilantro picado, 50 g de pan
rallado, un chorrito de jugo de limón, 1 huevo batido y sal y
pimienta. Incorpore bien, forme 16 empanadillas y rebócelas
en 25 g de pan rallado. Caliente una buena cantidad de
aceite vegetal en una sartén grande y fría las empanadillas,
en tandas, durante 5 minutos por cada lado, o hasta
que queden crujientes y bien doradas. Sírvalas calientes,
acompañadas de salsa de curry.

muslos de pollo con pesto fresco

4 raciones
tiempo de preparación
15 minutos
tiempo de cocción **25 minutos**

1 cucharada de **aceite de oliva**
8 **muslos de pollo**
hojas de albahaca picadas,
   para decorar

para el **pesto**
6 cucharadas de **aceite de oliva**
50 g de **piñones**, tostados
50 g de **parmesano**
   recién rallado
50 g de **perejil**
15 g de **hojas de albahaca**
2 **dientes de ajo** picados
sal y pimienta

Caliente el aceite a fuego medio en una sartén antiadherente, añada los muslos de pollo y fríalos suavemente, dándoles la vuelta a menudo, hasta que el pollo esté totalmente cocido (unos 20 minutos).

Mientras tanto, prepare el pesto. Triture los ingredientes con la ayuda de un robot de cocina o batidora hasta que quede suave y esté bien mezclado.

Retire el pollo de la sartén y consérvelo caliente. Baje el fuego, añada el pesto y rehogue durante 2 o 3 minutos.

Vierta el pesto sobre los muslos de pollo, decórelos con unas hojas de albahaca fresca y sírvalos junto con unas tiras de calabacín y unos tomates al horno.

Para preparar arroz con tomate, como acompañamiento, corte por la mitad 400 g de tomates cereza y dispóngalos en una bandeja de horno antiadherente. Espolvoréelos con 2 cucharadas de perejil bien picado y salpimiéntelos al gusto. Introdúzcalos en el horno de 12 a 15 minutos, retírelos y mézclelos en un cuenco junto con 250 g de arroz cocido de grano largo o *basmati*. Sirva como guarnición de la receta de pollo.

bobotie

4 raciones

tiempo de preparación
   10 minutos, más el tiempo
   de refrigerado
tiempo de cocción **40 minutos**

2 cucharadas de **aceite de oliva**
1 **cebolla**, picada
2 **dientes de ajo**, majados
2 cucharadas de **pasta de curry**
500 g de **ternera** picada
2 cucharadas de **puré
   de tomate**
1 cucharada de **vinagre
   de vino blanco**
50 g de **pasas**
1 rebanada de **pan blanco**,
   empapado en 3 cucharadas
   de leche y triturado
4 **huevos**, batidos
100 ml de **crema de leche
   espesa**
sal y pimienta

Caliente el aceite en una cacerola; añada la cebolla y el ajo
y rehogue hasta que se ablanden y comiencen a dorarse.
Agregue la pasta de curry y la ternera picada y dórela, sin dejar
de remover y separando la carne con la ayuda de una cuchara de
madera, durante 5 minutos.

Incorpore el puré de tomate, el vinagre, las pasas y el pan
triturado. Salpimiente al gusto y pase la preparación a una
fuente de horno de tamaño medio o a un molde para tartas.

Mezcle los huevos y la crema de leche en un cuenco,
salpimiente y viértalo sobre la carne picada.

Introdúzcalo en el horno, precalentado a 180 °C, durante
30 minutos, o hasta que el huevo cuaje y se haya dorado.
Retírelo del horno y déjelo enfriar de 10 a 15 minutos antes
de servirlo.

Para preparar *boboties* **individuales** y servirlos como
un delicioso aperitivo en una comida elegante, distribuya
la mezcla de carne entre 4 cazuelitas y vierta sobre
cada una de ellas el huevo batido junto con la crema
de leche. Introdúzcalas en el horno, precalentado
a 180 °C, de 20 a 25 minutos, o hasta que la cobertura
haya cuajado. Mientras, tueste unas finas rodajas de
pan en la tostadora o la parrilla y sírvalas acompañadas
de los *miniboboties*.

broquetas de pavo al pesto

4 raciones
tiempo de preparación
15 minutos
tiempo de cocción
unos 12 minutos

4 **filetes de pechuga de pavo**,
unos 500 g en total
2 cucharadas de **pesto**
4 lonchas de **jamón serrano**
125 g de **tomates secados
al sol**, bien picados
125 g de **mozzarella**, en dados
sal y pimienta
perejil picado, para decorar
cuñas de limón, para servir

Ponga una de pechuga de pavo entre 2 trozos de film transparente y golpéela ligeramente con un mazo hasta obtener un filete de 1 cm de espesor. Repita el proceso con el resto de las piezas.

Extienda el pesto sobre cada filete de pavo y cúbralo con una loncha de jamón serrano. Reparta los tomates y la mozzarella, salpiméntelos y enróllelos por la parte alargada.

Corte los rollitos en rodajas de unos 2,5 cm de grosor y ensártelos en 4 broquetas de metal con cuidado de que no se rompan.

Pinte los rollitos con el aceite y hágalos en una parrilla precalentada durante 6 minutos por cada lado o hasta que estén completamente cocidos. Si lo considera necesario, aumente o baje el fuego, para asegurarse de que los rollitos se cuezan por dentro y queden bien dorados por fuera. Decórelos con perejil picado y sírvalos calientes con unas cuantas cuñas de limón por encima.

Para preparar un pesto casero, triture, con ayuda de un robot de cocina o una batidora, 50 g de piñones y 2 dientes de ajo majados hasta que adquiera la consistencia de una pasta gruesa. Otra opción es emplear un mortero. Repita el mismo proceso con 50 g de hojas de albahaca desmenuzadas. Ponga ambas pastas en un cuenco y mézclelas con 150 g de parmesano bien rallado y 2 cucharadas de jugo de limón. Incorpore, poco a poco, 150 ml de aceite de oliva y bátalo muy bien. Salpimiente al gusto.

pollo al coco

4 raciones
tiempo de preparación
10 minutos
tiempo de cocción **20 minutos**

1 cucharada de **aceite de oliva**
1 **cebolla**, picada
1 **pimiento rojo**, sin corazón
 ni semillas y picado
8 **muslos de pollo**, sin huesos
 ni piel y cortados en trozos
 pequeños
200 g de **tirabeques**
2 cucharadas de **pasta de curry**
1 cucharada de **hierba limonera**
 muy picada
1 cucharadita de **jengibre fresco**
 rallado
2 **dientes de ajo**, majados
1 cucharada de **salsa de soja**
400 ml de **leche de coco**
1 puñadito de **hojas**
 de albahaca
sal y pimienta (opcional)

Caliente el aceite en una cacerola; añada la cebolla y el pimiento rojo y rehóguelos durante 5 minutos, hasta que la cebolla comience a dorarse. Agregue el pollo y cocínelo otros 5 minutos, hasta que esté dorado de manera homogénea.

Incorpore los tirabeques, la pasta de curry, la hierba limonera, el ajo y la salsa de soja y sofríalos durante 2 o 3 minutos. Vierta la leche de coco y remueva bien. Tape la cacerola y cueza a fuego lento de 5 a 8 minutos.

Retire la cacerola del fuego, pruébelo y rectifique de sal y pimienta, si es necesario. Mézclelo con la albahaca justo antes de servirlo, acompañado de arroz *basmati* hervido.

Para preparar arroz frito picante, como guarnición, caliente 2 cucharadas de aceite vegetal en una sartén grande o un wok; casque 2 huevos en su interior, rompa las yemas y remueva bien. Añada 250 g de arroz de grano largo cocido, 3 cucharadas de azúcar, 1 ½ cucharadas de salsa de soja, 2 cucharaditas de guindillas secas majadas y 1 cucharadita de salsa de pescado tailandesa, y sofría a fuego fuerte durante 2 minutos. Sirva el arroz inmediatamente junto con el pollo al coco, decorado con hojas de cilantro.

magret de pato con salsa de frutas

4 raciones
tiempo de preparación
15 minutos
tiempo de cocción
unos 15 minutos

2 **magrets de pato**, sin huesos
ni piel, cortados a lo largo por
la mitad
2 cucharadas de **salsa de soja
oscura**
1 cucharada de **miel clara**
1 cucharadita de **jengibre fresco**
picado
1 cucharadita de **guindilla
en polvo**

para la **salsa de frutas**
1 **mango grande** maduro,
pelado, sin hueso y picado fino
6-8 **ciruelas** peladas, sin hueso
y picadas finas
la ralladura y el jugo de 1 **lima**
1 **cebolla roja** pequeña,
bien picada
1 cucharada de **aceite de oliva**
1 cucharada de **hojas de menta**
troceadas
1 cucharada de **hojas
de cilantro** troceadas
sal y pimienta

Utilice un cuchillo afilado para marcar ligeramente la piel
de los magrets, pero sin llegar a la carne.

Caliente una sartén muy bien y fría los magrets con la parte de
la piel hacia abajo, durante 3 minutos, hasta que estén sellados
y dorados. Deles la vuelta y fríalas durante otros 2 minutos.
Con la ayuda de una espumadera, páselas a una fuente
de horno con la parte de la piel hacia arriba.

Mezcle la salsa de soja, la miel, el jengibre y la guindilla
en polvo en un cuenco y viértalo sobre el pato. Introdúzcalo en
el horno, precalentado a 200 °C, de 6 a 9 minutos, hasta que esté
cocido a su gusto. El pato debe servirse rosado en el centro
o muy bien hecho.

Mientras tanto, en un cuenco, mezcle todos los ingredientes
para la salsa y salpimiente generosamente.

Corte en finas lonchas el pato asado y dispóngalas en forma
de abanico en platos individuales. Rocíe el pato con un poco de
salsa y sírvalo inmediatamente, con el resto de la salsa aparte.

Para preparar una salsa de albaricoque y lima, como
alternativa a la salsa de ciruela y mango, mezcle en un
cuenco 250 g de albaricoques de lata en su jugo, escurridos
y bien picados, la ralladura y el jugo de 1 lima, 1 escalonia
bien picada, 1 cucharada de jengibre fresco picado, la misma
cantidad de aceite de oliva y 2 cucharaditas de miel clara.

fideos de arroz con pollo al limón

4 raciones
tiempo de preparación
  10 minutos
tiempo de cocción **10 minutos**

4 **pechugas de pollo**, sin huesos
  y con piel
el jugo de 2 **limones**
4 cucharadas de **salsa
  de guindilla dulce**
250 g de **fideos de arroz secos**
1 ramito de **perejil de hoja
  plana**, picado
1 ramito de **cilantro**, picado
½ **pepino** cortado en tiras
  con un pelador de verduras
sal y pimienta
guindillas rojas bien picadas,
  para decorar

Mezcle el pollo con la mitad del jugo de limón y la salsa
de guindilla dulce en un cuenco grande y salpiméntelo al gusto.

Ponga una pechuga de pollo entre 2 trozos de film transparente
y golpéela con un mazo para aplanarla. Repita el proceso con
el resto de las piezas.

Coloque las pechugas sobre una rejilla y áselas, en una parrilla
precalentada, durante 4 o 5 minutos por cada lado. Termine
por el lado de la piel para que estén bien crujientes.

Mientras tanto, introduzca los fideos en un recipiente resistente
al calor, cúbralos con agua hirviendo y déjelos reposar durante
10 minutos. Añada el resto del jugo de limón, las hierbas
aromáticas y el pepino, mézclelo y salpimiente.

Corone los fideos con el pollo asado y sírvalos inmediatamente,
decorados con la guindilla picante.

Para preparar brócoli salteado con jengibre y servirlo como
guarnición, separe 500 g de brócoli en pequeños ramitos,
y corte los tallos en diagonal. Blanquee los ramitos y los tallos
en una cacerola con agua hirviendo durante 30 segundos.
Escúrralos en un colador, refrésquelos bajo el grifo y vuélvalos
a escurrir. Caliente 2 cucharadas de aceite vegetal en una sartén
grande, añada 1 diente de ajo laminado y un trozo de unos
2,5 cm de jengibre fresco, pelado y bien picado y rehogue
durante unos segundos. Agregue el brócoli y saltéelo a fuego
fuerte durante 2 minutos. Rocíelo con una cucharadita de aceite
de sésamo y saltéelo unos 30 segundos más.

cazuela rápida de salchichas con judías

4 raciones
tiempo de preparación
5 minutos
tiempo de cocción **25 minutos**

2 cucharadas de **aceite de oliva**
16 **salchichas tipo aperitivo**
2 **dientes de ajo**, majados
400 g de **tomates de lata**,
   triturados
400 g de **judías cocidas de lata**
200 g de **judías variadas**,
   escurridas y aclaradas
½ cucharadita de **tomillo seco**
sal y pimienta
3 cucharadas de **perejil de hoja
plana** picado, para decorar

Caliente el aceite en una sartén y dore bien las salchichas.

Póngalas en una cacerola grande y añada el resto de
los ingredientes. Llévelo al punto de ebullición, baje el fuego,
tápelo y cocine a fuego lento durante 20 minutos. Salpimiente
al gusto y sirva el plato caliente, decorado con perejil.

Para elaborar un puré de mostaza y servirlo como
acompañamiento, hierva 1 kg de patatas bien troceadas
en una cacerola grande llena de agua hirviendo con sal, hasta
que estén tiernas. Escúrralas bien y vuelva a introducirlas en
la cacerola. Mézclelas hasta que adquieran una consistencia
de puré, junto con 75 g de mantequilla, 1 cucharada de mostaza
en grano, 3 cucharaditas de mostaza inglesa y 1 diente de ajo
majado. Salpimiente y agregue 2 cucharadas de perejil picado
y 1 chorrito de aceite de oliva. Sirva el puré caliente junto
con la cazuela de salchichas.

alitas de pollo *jerk*

4 raciones

tiempo de preparación
5 minutos, más el tiempo
de adobo
tiempo de cocción **12 minutos**

12 **alitas de pollo** grandes
2 cucharadas de **aceite de oliva**
1 cucharada de **mezcla
para aliño** *jerk*
el jugo de ½ **limón**
1 cucharadita de **sal**
perejil de hoja plana picado,
para decorar
cuñas de limón, para servir

Coloque el pollo en un plato de cristal o cerámica. En un cuenco pequeño, bata el aceite, la mezcla para aliño *jerk,* el jugo de limón y la sal; vierta el adobo sobre las alitas y remueva para que se impregnen bien. Cúbralas y déjelas reposar en la nevera durante un mínimo de 30 minutos (lo ideal es toda la noche).

Disponga las alitas en la parrilla precalentada y dórelas, rociándolas a mitad de cocción con el resto del adobo, durante 6 minutos por cada lado, o hasta que estén completamente hechas. Si lo considera necesario, incremente o baje la temperatura de la parrilla, para asegurarse de que las alas se cuezan por dentro y queden bien doradas por fuera. Corone con perejil picado y sírvalas calientes con unas cuantas cuñas de limón por encima.

Para preparar broquetas de cordero *jerk*, rocíe con el adobo *jerk* 750 g de cordero sin huesos, cortado en pequeños trozos, e introdúzcalo en el frigorífico durante toda la noche, como se indica en la receta. Ensarte la carne con cuidado en 8 broquetas de metal y hágalas en una parrilla precalentada, o en la barbacoa, de 6 a 8 minutos por cada lado, o hasta que estén a su gusto.

cerdo con pimientos rojos y guindilla picante

4 raciones
tiempo de preparación
10 minutos
tiempo de cocción **30 minutos**

2 cucharadas de **aceite de oliva**
1 **cebolla grande**, picada
2 **dientes de ajo**, majados
1 **pimiento rojo**, sin corazón
  ni semillas, troceado
450 g de **carne de cerdo** picada
1 **guindilla roja**, bien picada
1 cucharadita de **orégano seco**
500 g de *passata*
  (tomates tamizados)
400 g de **judías pintas de lata**,
  escurridas y aclaradas
sal y pimienta
crema agria, para servir

Caliente el aceite en una cacerola; añada la cebolla, el ajo y el pimiento rojo y rehóguelos durante 5 minutos, hasta que se ablanden y comiencen a dorarse. Agregue la carne de cerdo y dórela, sin dejar de remover y separándola con la ayuda de una cuchara de madera, durante 5 minutos más.

Incorpore el resto de los ingredientes y llévelos a ebullición. Baje el fuego y guise a fuego lento unos 20 minutos. Retire la cacerola del fuego, salpimiente bien y sírvalo inmediatamente junto con una generosa cantidad de crema agria y arroz hervido o pan crujiente.

Para preparar cordero con berenjena y guindilla picante, sustituya la carne de cerdo y el pimiento rojo por 1 berenjena mediana y 450 g de cordero picado. Trocee la berenjena en dados y sofríala junto con el cordero como se indica en la receta. Decore con 2 cucharadas de hojas de menta muy picadas y sirva el plato acompañado de pasta o arroz.

pollo *teriyaki*

4 raciones

tiempo de preparación
10 minutos, más el tiempo
de marinado

tiempo de cocción **8 minutos**

2 **pechugas de pollo**, sin huesos
ni piel, en tiras finas

2 cucharadas de **salsa de soja**

1 cucharada de **aceite de oliva**

2 **zanahorias grandes**, peladas
y cortadas en bastoncitos

2 **pimientos rojos**,
sin corazón ni semillas
y cortados en bastoncitos

200 g de **salsa *teriyaki***

6 **cebolletas**, picadas

Coloque el pollo en un plato de cristal o cerámica, añada la salsa de soja y remueva para que se impregne bien. Cúbralo y déjelo en adobo en un lugar fresco durante 10 minutos.

Caliente el aceite en un wok o en una sartén grande; incorpore el pollo y el adobo y rehóguelo durante 2 minutos. Añada las zanahorias y los pimientos y sofríalos 4 minutos más. Incorpore la salsa *teriyaki* y las cebolletas y saltee brevemente. Sírvalo inmediatamente sobre unos fideos de arroz.

Para preparar cerdo *teriyaki* con crujiente de ajo, sustituya el pollo por 625 g de filetes de carne de cerdo. Ponga un filete entre 2 trozos de film transparente y golpéelo ligeramente con un mazo para aplanarlo. Repita el proceso con el resto de las piezas. Córtelas en tiras finas y cocínelas como se indica en la receta. Para preparar el crujiente de ajo, lamine 4 dientes de ajo. Caliente 5 cm de aceite en una sartén honda de base gruesa hasta que alcance una temperatura de entre 180 y 190 °C, o hasta que un dado de pan se dore en 30 segundos. Agregue el ajo laminado y fríalo hasta que esté dorado y crujiente. Retírelo con la ayuda de una espumadera y deje que escurra el exceso de aceite en un plato con papel de cocina. Espárzalo sobre el cerdo ya cocinado.

ternera con salsa de judías negras

4 raciones
tiempo de preparación
15 minutos
tiempo de cocción **15 minutos**

750 g de **bistecs de ternera**
2 cucharadas de **aceite
de cacahuete**
1 **cebolla**, en rodajas finas
100 g de **tirabeques**, cortados
por la mitad a lo largo
1 **diente de ajo**, muy picado
15 g de **jengibre fresco**,
pelado y bien picado
1 **guindilla roja pequeña**,
muy picada
200 g de **salsa de judías
negras**
sal y pimienta

Retire toda la grasa de la carne y, a continuación, córtela en tiras finas. Caliente la mitad del aceite en un wok o una sartén grande; añada la ternera, en dos tandas, rehóguela hasta que esté dorada de manera homogénea y póngala en un cuenco.

Caliente el resto del aceite, agregue la cebolla y los tirabeques y sofríalos durante 2 minutos. Vierta el ajo, el jengibre y la guindilla y rehogue 1 minuto. Incorpore la salsa de judías negras, sin dejar de remover, y cocine 5 minutos, hasta que comience a espesar. Salpimiente al gusto y sirva inmediatamente acompañado de arroz al vapor o arroz frito con huevo al estilo chino.

Para preparar frutos del mar con salsa de judías negras, rehogue en un wok caliente 500 g de langostinos tigre crudos y 200 g de aros de calamar durante 2 o 3 minutos. Añada 8 cebolletas cortadas en rodajas y 2 pimientos rojos también en rodajas y sofríalos otros 2-3 minutos. Incorpore la salsa de judías negras y cocine unos 5 minutos, removiendo con frecuencia. Sírvalo caliente, junto con fideos de huevo.

pollo *tandoori*

4 raciones

tiempo de preparación
5 minutos, más tiempo
de adobo

tiempo de cocción
25-30 minutos

8 **contramuslos de pollo**
8 **muslos de pollo**
2 cucharadas de **mezcla
de especias *tikka* en pasta
o polvo**
2 **dientes de ajo**, majados
1 cucharada de **puré de tomate**
el jugo de 1 **limón**
75 ml de **yogur natural**

para **decorar**
ralladura de lima
cilantro picado

Realice varias incisiones profundas en cada uno de los trozos de pollo. Mezcle en un plato de cristal o cerámica, el resto de los ingredientes, añada el pollo e imprégnelo bien con el adobo. Cúbralo e introdúzcalo en el frigorífico durante un mínimo de 30 minutos (lo ideal es toda la noche).

Pase el pollo a una fuente resistente al calor y métalo en el horno, precalentado a 240 °C, de 25 a 30 minutos, hasta que esté bien hecho, tierno y ligeramente quemado por los bordes. Sírvalo, decorado con la ralladura de limón y el cilantro picado.

Para preparar salmón *tandoori*, utilice el marinado propuesto en la receta anterior para cubrir 4 filetes de salmón gruesos sin piel, imprégnelos bien y déjelos marinar en el frigorífico de 30 minutos a 1 hora. Transcurrido este tiempo, dispóngalos en una fuente antiadherente y hornéelos a 180 °C, durante 20 minutos o hasta que queden completamente hechos. Sírvalos acompañados de arroz blanco o cuscús.

pollo a la plancha
con salsa de tomate y pepino

4 raciones
tiempo de preparación
10 minutos
tiempo de cocción **6 minutos**

4 **pechugas de pollo** sin huesos
y con piel
3 cucharadas de **aceite de oliva**
sal y pimienta

para la **salsa de tomate
y pepino**
1 **cebolla roja**, muy picada
2 **tomates** sin semillas, picados
1 **pepino**, muy picado
1 **guindilla roja** muy picada
1 puñado de **hojas de cilantro**,
picadas
el jugo de 1 **lima**

Retire la piel de las pechugas de pollo. Con la ayuda de unas tijeras de cocina, abra cada pechuga por la mitad. Úntelas con un poco de aceite y salpimiente generosamente. Caliente bien una parrilla; añada las pechugas y dórelas 3 minutos por cada lado, hasta que estén bien hechas y queden marcas de la parrilla.

Mientras tanto, para elaborar la salsa, mezcle la cebolla, los tomates, el pepino, la guindilla roja, el cilantro y el jugo de lima y salpimiente.

Sirva el pollo caliente y vierta la salsa picante por encima.

Para preparar atún a la plancha con salsa de piña, prepare y cocine 4 rodajas de atún de unos 175 g cada una, según las indicaciones de la receta. Mientras, en un cuenco, mezcle 6 cucharadas de piña de lata, escurrida y troceada, 1 cebolla roja, 1 cucharada de jengibre fresco y 1 guindilla roja, todos bien picados, junto con la ralladura y el jugo de 1 lima, 2 cucharaditas de miel clara, sal y pimienta. Sirva la salsa con el atún a la plancha.

pollo a las finas hierbas

4 raciones
tiempo de preparación
15 minutos
tiempo de cocción **20 minutos**

250 g de **queso mascarpone**
1 **manojo de perifollo**,
  picado fino
½ **manojo de perejil**,
  picado fino
2 cucharadas de **hojas
  de menta** picadas
4 **pechugas de pollo** sin huesos
  y con piel
200 ml de **vino blanco**
25 g de **mantequilla**
sal y pimienta

Mezcle el mascarpone con las hierbas y salpimiente generosamente.

Separe la piel de cada pechuga de pollo (no la deseche, sólo levántela) y extienda una cuarta parte de la crema de mascarpone sobre cada una de ellas. Coloque la piel nuevamente y aplánela con cuidado. Salpimiente al gusto.

Disponga el pollo en una fuente de horno y vierta el vino alrededor. Agregue un poco de mantequilla sobre cada pechuga.

Introdúzcalas en el horno, precalentado a 180 °C, durante 20 minutos, hasta que el pollo esté dorado y crujiente. Sírvalo acompañado de pan de ajo.

Para preparar zanahorias mini glaseadas, como alternativa a la guarnición de pan de ajo, derrita 25 g de mantequilla en una cacerola; añada 500 g de zanahorias mini cortadas en cuatro trozos a lo largo, una pizca de azúcar y sal y pimienta al gusto. Vierta la cantidad justa de agua para cubrir las zanahorias y cocine a fuego lento de 15 a 20 minutos, hasta que estén tiernas y el líquido se haya evaporado; hacia el final de la cocción, agregue 2 cucharadas de jugo de naranja. Sírvalas con el pollo y decore el plato con perejil picado.

pastel mexicano

4 raciones
tiempo de preparación
  10 minutos
tiempo de cocción **30 minutos**

2 cucharadas de **aceite de oliva**
1 **cebolla**, picada fina
2 **dientes de ajo**, majados
2 **zanahorias**, en dados
250 g de **ternera** picada
1 **guindilla roja**, muy picada
400 g de **tomates de lata**,
  triturados
400 g de **judías rojas de lata**,
  escurridas y aclaradas
50 g de **doritos**
100 g de **queso cheddar**, rallado
sal y pimienta
perejil o **cilantro** picados,
  para decorar

Caliente el aceite en una cacerola; añada la cebolla, el ajo y la zanahoria y rehogue hasta que se ablanden. Agregue la guindilla y la ternera picada y dórela, sin dejar de remover y separando la carne con la ayuda de una cuchara de madera, durante 5 minutos. Incorpore el tomate triturado y las judías, mezcle bien y salpimiente al gusto.

Pase el sofrito a una fuente resistente al calor, cúbralo con los doritos y espolvoree con el cheddar rallado. Introdúzcalo en el horno, precalentado a 200 °C, durante 20 minutos, o hasta que se haya dorado. Decore el pastel mexicano con perejil o cilantro picados antes de servirlo.

Para preparar burritos picantes con guacamole, siga el primer paso de la receta, pero, después, tape el sofrito y cuézalo a fuego lento durante 20 minutos. Mientras, corte por la mitad 2 aguacates maduros y retíreles el hueso. Ponga la pulpa en un cuenco, añada 3 cucharadas de jugo de lima y aplástelo. Agregue 125 g de tomates picados, pelados y sin semillas, 2 dientes de ajo majados, 40 g de cebolletas picadas, 1 cucharada de guindillas verdes picadas finas y 2 cucharadas de cilantro picado. Mezcle todo muy bien y salpimiente al gusto. Reparta la mezcla de carne entre 4 tortillas mexicanas y enróllelas. Sírvalas acompañadas del guacamole y, si lo desea, de crema agria.

broquetas de cordero a la menta

4 raciones
tiempo de preparación
10 minutos
tiempo de cocción **10 minutos**

500 g de **cordero** picado
2 cucharaditas de **curry**
en polvo
6 cucharadas de **hojas**
de menta bien picadas
sal y pimienta

Mezcle la carne picada, el curry en polvo y la menta en un cuenco; salpimiente al gusto y amásela con las manos hasta formar una preparación homogénea.

Forme pequeñas salchichas con la masa y ensártelas con cuidado en broquetas de metal. Hágalas a la parrilla, previamente calentada, durante 10 minutos, y deles la vuelta una vez. Sirva las broquetas inmediatamente, acompañadas de pan *naan* caliente, crema agria y una rodaja de lima. Espolvoréelas con hojas de menta picadas y una pizca de curry en polvo.

Para preparar *raita* de pepino, como acompañamiento, corte por la mitad ½ pepino grande; retire las semillas, deséchelas y córtelo en rodajas. Mezcle en un cuenco el pepino con 250 ml de yogur natural, 1 cucharada de hojas de menta y 1 cucharada de hojas de cilantro, ambas bien picadas. Salpimiente al gusto. Tueste 2 cucharaditas de semillas de comino en una sartén hasta que desprendan todo su aroma y espárzalas sobre la *raita* justo antes de servirla.

pescados
y mariscos

mejillones al ajillo

4 raciones
tiempo de preparación
15 minutos
tiempo de cocción
unos 8 minutos

1,5 kg de **mejillones frescos**
vivos
1 cucharada de **mantequilla**
1 **cebolla**, picada
6 **dientes de ajo**, picados
100 ml de **vino blanco**
150 ml de **crema de leche**
líquida
1 buen **manojo de perejil**
de hoja plana, ligeramente
picado
sal y pimienta

Lave los mejillones con agua fría y deseche cualquier rastro de suciedad. Retire los que tengan las valvas rotas o aquellos que al tocarlos no se cierren.

Caliente la mantequilla en una cacerola grande y rehogue la cebolla y el ajo durante 2 o 3 minutos hasta que estén transparentes y se hayan ablandado. Suba el fuego y agregue los mejillones con el vino; tape la cacerola y cuézalos durante 3 minutos, o hasta que todos se hayan abierto. Deseche los mejillones que estén cerrados.

Vierta la crema de leche y caliente brevemente, mientras remueve bien. Añada el perejil, salpimenti y sírvalos en platos hondos, acompañados de pan crujiente para mojar en la salsa.

Para preparar mejillones en salsa de tomate picante, sofría la cebolla y el ajo en 1 cucharada de aceite de oliva, en lugar de mantequilla, con 1 guindilla roja sin semillas bien picada. Agregue 1 cucharadita de pimientos y rehogue durante 1 minuto. A continuación, incorpore 400 g de tomate triturado de lata, salpimiente al gusto; tape la cacerola y cocine a fuego lento durante 15 minutos. Mientras, limpie los mejillones de la misma manera que se ha indicado en la receta. Póngalos en la salsa de tomate y suba el fuego. Cuézalos, tapados, durante 3 minutos, o hasta que todos se hayan abierto. Deseche los mejillones que estén cerrados. Añada el perejil y sírvalos como se indica en la receta.

gambas con aroma de sésamo y *pak choi*

4 raciones
tiempo de preparación
10 minutos, más el tiempo
de marinado
tiempo de cocción
unos 3 minutos

600 g de **gambas grandes**
peladas y congeladas,
previamente descongeladas
1 cucharadita de **aceite
de sésamo**
2 cucharadas de **salsa
de soja clara**
1 cucharada de **miel clara**
1 cucharadita de **jengibre
fresco** picado
1 cucharadita de **ajo**, majado
1 cucharada de **jugo de limón**
500 g de *pak choi*
2 cucharadas de **aceite vegetal**
sal y pimienta

Coloque las gambas en un recipiente de cristal o cerámica. Añada el aceite de sésamo, la salsa de soja, la miel, el jengibre, el ajo y el jugo de limón. Salpimiente al gusto y mézclelo todo muy bien. Tape el cuenco y déjelo marinar en un lugar fresco de 5 a 10 minutos.

Corte los *pak choi* por la mitad y blanquéelos en una cacerola grande con agua hirviendo de 40 a 50 segundos. Escúrralos bien, cúbralos y manténgalos calientes.

Caliente el aceite vegetal en un wok o una sartén grande; agregue las gambas y el marinado y saltee a fuego fuerte durante 2 minutos.

Distribuya el *pak choi* entre 4 platos de servir; corónelo con las gambas y la salsa que quede en el wok, y sirva inmediatamente.

Para preparar pollo al aroma de sésamo, con brócoli y pimiento rojo, sustituya las gambas por 600 g de pechugas de pollo sin huesos ni piel, cortadas en tiras finas. Cúbralas con el adobo, como se indica en la receta, tápelas e introdúzcalas en el frigorífico durante 1 o 2 horas. Mientras, separe los tallos y los ramitos de 400 g de brócoli; pele y corte los tallos en diagonal. Blanquee los ramitos y los tallos en una cacerola con agua hirviendo con sal durante 30 segundos. Escúrralos en un colador, refrésquelos bajo el grifo y vuélvalos a escurrir. Retire el corazón y las semillas de un pimiento rojo grande y córtelo en rodajas finas. Caliente el aceite en un wok o una sartén grande; añada el pollo adobado y saltee a fuego fuerte durante 2 minutos. Incorpore el brócoli y el pimiento rojo y rehogue durante 2 minutos más. Sírvalo enseguida.

cazuelitas de huevo con salmón ahumado

4 raciones
tiempo de preparación
5 minutos
tiempo de cocción
10-15 minutos

200 g de **recortes de salmón ahumado**
2 cucharadas de **cebollino** picado
4 **huevos**
4 cucharadas de **crema de leche**
pan tostado, para servir
pimienta

Reparta el salmón ahumado en 4 moldes ligeramente untados con mantequilla. Con el mango de una cuchara, realice un pequeño hueco en el salmón y casque un huevo en él; espolvoree con un poco de pimienta y vierta la crema de leche por encima.

Coloque los moldes en una fuente resistente al calor y cubra con agua hirviendo hasta la mitad de su altura. Hornee a 180 °C, de 10 a 15 minutos, o hasta que los huevos hayan cuajado.

Retire los moldes del horno y déjelos enfriar. Transcurridos unos minutos, sirva los huevos con salmón, acompañados de pan tostado.

Para preparar unas tostadas Melba caseras, y servirlas junto con las cazuelitas de huevo con salmón, tueste ligeramente 4 rebanadas de pan de molde por ambos lados. Mientras todavía estén calientes, retire las cortezas y corte las tostadas por la mitad. Extiéndalas sobre la bandeja del horno, con la parte cortada hacia arriba, y tuéstelas en la parte inferior del horno junto con los huevos hasta que estén bien secas.

broquetas de pescado y puré de cebolleta

4 raciones

tiempo de preparación
15 minutos, más el tiempo
de marinado

tiempo de cocción
18-20 minutos

600 g de **filetes de abadejo**,
o **bacalao**, sin piel, en dados
de 2,5 cm

125 ml de **yogur natural**

1 cucharadita de **ajo**, majado

1 cucharadita de **jengibre
fresco** rallado

1 cucharadita de **guindilla
picante en polvo**

1 cucharada de **cilantro**

1 cucharada de **comino**

para el **puré de cebolleta**

6 **patatas grandes Desirée**
(patata roja) o **King Edgard**,
en dados

150 ml de *crème fraîche*

4 cucharadas de **hojas
de cilantro** bien picadas

1 **guindilla roja**, sin semillas
y en rodajas finas

4 **cebolletas**, en rodajas finas

sal y pimienta

Extienda los dados de pescado sobre un plato llano de cristal o cerámica. Mezcle en un cuenco el yogur, el ajo, el jengibre, la guindilla en polvo, el cilantro y el comino. Sazone al gusto y vierta la mezcla sobre el pescado. Cúbralo y déjelo marinar en un lugar fresco mientras elabora el puré.

Cueza las patatas en una cacerola con abundante agua hirviendo con sal durante 10 minutos, o hasta que estén tiernas. Escúrralas en un colador y vuélvalas a poner en la cacerola. Aplástelas, junto con la *crème fraîche*, hasta que adquieran una consistencia de puré. Seguidamente, añada el cilantro picado, la guindilla y las cebolletas y mézclelo todo bien. Salpimiente al gusto, tápelo y resérvelo.

Caliente la parrilla a máxima potencia, ensarte los dados de pescado en 4 broquetas de metal y hágalas de 8 a 10 minutos, dándoles la vuelta una vez. Sirva las broquetas inmediatamente, acompañadas del puré y una ensalada verde.

Para preparar puré de espinacas y servirlo como guarnición alternativa, mientras las patatas se están cociendo, caliente 2 cucharadas de aceite en una cacerola; añada 1 cebolla y 1 diente de ajo, ambos bien picados, y rehogue durante 5 minutos. Agregue 500 g de espinacas troceadas y sofría 2 minutos, justo hasta que comiencen a pocharse, e incorpore, sin dejar de remover, 1 cucharadita de jengibre en polvo. Triture las patatas, junto con el sofrito de espinacas, y 4 cucharadas de leche y salpimiente.

caballa con salsa de aguacate

4 raciones
tiempo de preparación
 10 minutos
tiempo de cocción **6-8 minutos**

8 filetes de caballa
2 **limones**, y unas cuantas cuñas
 más, para servir
sal y pimienta

para la **salsa de aguacate**
2 **aguacates**, pelados, sin hueso
 y bien troceados
el jugo y la ralladura de 1 **lima**
1 **cebolla roja** bien picada
½ **pepino**, en dados pequeños
un puñado de **hojas de cilantro**,
 bien picadas

Realice tres incisiones diagonales en la piel en cada filete
de caballa y salpimiente. Corte los limones por la mitad y rocíe
el pescado con el jugo.

Dispóngalo sobre una rejilla, con la piel hacia arriba, y hágalo
en la parrilla precalentada, de 6 a 8 minutos, o hasta que la piel
comience a quemarse y la carne esté bien hecha.

Mientras tanto, para preparar la salsa, mezcle los aguacates
con el jugo y la ralladura de la lima y añada la cebolla, el pepino
y el cilantro. Remueva bien y salpimiente al gusto.

Sirva la caballa caliente, con la salsa de aguacate y cuñas
de limón para rociar el pescado.

Para preparar sardinas asadas con aliño de tomate,
sustituya los filetes de caballa por 12 sardinas enteras, limpias
y sin vísceras y dórelas a la parrilla durante 4 o 5 minutos por
cada lado. Mientras, con la ayuda del robot de cocina, triture y
mezcle bien las partes blancas (bien picadas) de 4 cebolletas
y 2 cucharadas de jugo de lima, junto con 250 g de tomates
maduros, sin piel ni semillas, ½ tomate secado al sol,
1 guindilla roja sin semillas y 3 cucharadas de hojas de
cilantro, todo ello bien picado. Sirva las sardinas calientes
con la marinada.

salmón con calabacines
al aroma de lima

4 raciones
tiempo de preparación
   10 minutos
tiempo de cocción
   10-15 minutos

4 **filetes de salmón**,
   de unos 200 g cada uno
1 cucharada de **mostaza**
   inglesa
1 cucharadita de **jengibre**
   fresco rallado
1 cucharadita de **ajo**, majado
2 cucharaditas de **miel clara**
1 cucharada de **salsa de soja**
   clara o *tamari*
sal y pimienta

para los **calabacines**
   al aroma de lima
2 cucharadas de **aceite de oliva**
500 g de **calabacines** cortados
   en finas láminas a lo largo
la ralladura y el jugo de 1 **lima**
2 cucharadas de **menta** picada

Extienda los filetes de salmón, con la piel hacia abajo, en una fuente baja resistente al fuego, lo suficientemente grande como para que el pescado quede en una sola capa. Mezcle en un cuenco la mostaza, el jengibre, el ajo, la miel y la salsa de soja o *tamari*, y vierta el aliño sobre el salmón. Salpimiente al gusto.

Caliente la parrilla a la máxima potencia y haga los filetes de salmón de 10 a 15 minutos, hasta que estén ligeramente quemados por encima y bien cocidos por dentro.

Mientras tanto, para preparar los calabacines al aroma de limón, caliente el aceite en una sartén antiadherente, agregue los calabacines y rehóguelos durante 5 o 6 minutos, o hasta que estén ligeramente dorados y tiernos. Vierta el jugo y la ralladura de lima junto con la menta, una pizca de sal y pimienta y remueva bien.

Sirva el salmón caliente, acompañado de los calabacines.

Para preparar judías verdes salteadas, y servirlas en lugar de los calabacines, corte 500 g de judías verdes en trozos de unos 5 cm. Caliente 2 cucharadas de aceite vegetal en un wok o una sartén grande; añada 2 dientes de ajo majados, 1 cucharadita de jengibre fresco rallado y 2 escalonias bien picadas, y rehogue a fuego medio durante 1 minuto. Incorpore las judías verdes y ½ cucharadita de sal y sofría a fuego fuerte 1 minuto. Agregue 1 cucharada de salsa de soja suave y 150 ml de caldo vegetal o de pollo y llévelo al punto de ebullición. Baje el fuego y cocínelo, mientras remueve, unos 4 minutos más, o hasta que las judías estén tiernas y la salsa haya espesado. Sazone con pimienta y sírvalas inmediatamente junto con el salmón.

calamares con especias y ensalada de perejil

4 raciones
tiempo de preparación
15 minutos, más el tiempo
de reposo
tiempo de cocción
unos 5 minutos

150 g de **besan** (harina
de garbanzos)
1 ½ cucharaditas de **pimentón**
1 ½ cucharaditas de **comino**
½ cucharadita de **levadura**
¼ de cucharadita de **pimienta**
250 ml de **soda** o **agua de Seltz**
aceite vegetal, para freír
6 **calamares**, limpios y cortados
en aros de 1 cm de grosor
sal

para la **ensalada de perejil**
4 cucharadas de **jugo de limón**
4 cucharadas de **aceite de oliva**
2 **dientes de ajo**, bien picados
20 g de **perejil**
1 **cebolla roja**, cortada por
la mitad y en rodajas finas
2 **tomates**, ligeramente
troceados

Tamice y vierta en un cuenco el *besan*, el pimentón, el comino y la levadura; añada la pimienta y mezcle bien. Abra un hueco en el centro. Vierta de manera gradual la soda y remueva hasta formar una masa ligera. Sazone con sal, tápela y déjela reposar unos 30 minutos.

Mientras tanto, para el aliño de la ensalada, incorpore el jugo de limón, el aceite y el ajo.

Llene con el aceite vegetal ¾ partes de una cacerola honda de base gruesa y caliéntelo hasta que un dado de pan se dore en unos 15 segundos. Reboce los calamares y fríalos, en pequeñas cantidades, de 30 a 60 segundos. Con una espumadera, retírelos de la cacerola y colóquelos en un plato con papel de cocina para que escurran el exceso de aceite.

Añada el perejil, la cebolla roja y los tomates al aliño y mezcle bien. Corone la ensalada con los calamares rebozados y sirva.

Para preparar calamares fritos con guindilla, limpie y corte 450 g de calamares pequeños y colóquelos planos sobre una tabla; con un cuchillo afilado, realice una cruz en la carne y corte los tentáculos en pequeños trozos. Mezcle en un cuenco 2 cucharadas de aceite de oliva, 3 ajos majados, 1 guindilla roja bien picada y 4 cucharadas de jugo de limón. Incorpore los calamares, tape el recipiente y déjelos marinar en un lugar fresco durante 15 minutos. Transcurrido este tiempo, retire los calamares de la marinada. Caliente 2 cucharadas de aceite de oliva en una sartén grande hasta que comience a humear; añada los calamares, salpimiente al gusto y dórelos a fuego fuerte durante 2 o 3 minutos. Cuele la marinada, viértala en la sartén junto con 2 cucharadas de perejil muy picado y remueva bien.

tortas de gambas y cangrejo con mermelada de guindilla

4 raciones

tiempo de preparación
15 minutos, más el tiempo
de enfriado y refrigerado
tiempo de cocción **15 minutos**

2 latas de 175 g cada una
de **carne de cangrejo**
la ralladura y el jugo de 1 **lima**
4 **cebolletas**, picadas
1 **guindilla roja**, sin semillas
y bien picada
1 cucharadita de **jengibre
fresco** rallado
1 cucharadita de **ajo**, majado
3 cucharadas de **hojas
de cilantro picadas**,
y unas cuantas más
para decorar
3 cucharadas de **mayonesa**
125 g de **miga de pan blanco**
200 g de **gambas** cocidas
y peladas, previamente
descongeladas
sal y pimienta
aceite vegetal, para freír

para la **mermelada de guindilla**
2 **guindillas rojas**, sin semillas
y bien picadas
6 cucharadas de **azúcar
en polvo**
2 cucharadas de **agua**

Mezcle la carne de cangrejo, la ralladura y el jugo de lima, las cebolletas, la guindilla, el ajo, el cilantro, la mayonesa y las migas de pan, con la ayuda de un robot de cocina, hasta que la textura sea uniforme, y pase la preparación a un cuenco. Trocee los camarones, incorpórelos a la mezcla y salpimiente al gusto. También puede incorporar los ingredientes a mano. Tape y refrigere mientras elabora la mermelada de guindilla.

Deposite todos los ingredientes para la mermelada en una cacerola pequeña y caliente a fuego lento durante 4 o 5 minutos, hasta que el azúcar se haya disuelto y la mezcla haya espesado un poco. Déjela enfriar.

Forme 12 tortitas con la mezcla de cangrejo y gambas.

Caliente el aceite en una sartén antiadherente y fría las tortas durante 3 o 4 minutos por cada lado, hasta que estén doradas. Colóquelas en un plato con papel de cocina para que absorba el exceso de aceite y sírvalas inmediatamente decoradas con hojas de cilantro. Vierta un poco de mermelada sobre cada tortita o bien preséntela en una salsera. Una ensalada de roqueta o verde es un excelente acompañamiento.

Para preparar salsa de cilantro y coco, como alternativa a la mermelada de guindilla, triture en el robot de cocina o con la batidora, 250 ml de leche de coco, 2 cucharadas de mantequilla de cacahuete, 2 cebolletas bien picadas (sólo las partes blancas), 1 diente de ajo majado, 1 guindilla verde bien picada, 2 cucharadas de cilantro picado, 1 cucharada de jugo de lima y 1 cucharadita de azúcar, hasta que adquiera una consistencia de crema suave.

trucha con salsa de pepino

4 raciones
tiempo de preparación
10 minutos
tiempo de cocción
10-12 minutos

4 **truchas asalmonadas**, limpias
y sin vísceras
1 cuchada de **aceite de sésamo**
pimienta de Sichuan al gusto
sal

para la **salsa de pepino**
1 **pepino**, de unos 20 cm
de largo
4 cucharaditas de **sal**
4 cucharadas de **vinagre
de arroz**
3 cucharadas de **azúcar**
1 **guindilla roja** sin semillas,
en rodajas
un trozo de **jengibre fresco**
de 3 cm, pelado y rallado
4 cucharadas de **agua fría**

para **decorar**
cebollas tiernas, picadas
cuñas de limón

Corte el pepino por la mitad, retire y deseche las semillas, corte la pulpa en rodajas de 1 cm y colóquelas en un recipiente de cristal o cerámica. Mezcle bien en un cuenco la sal, el vinagre, el azúcar, la guindilla, el jengibre y el agua. Vierta el aliño sobre el pepino; tape el cuenco y deje marinar a temperatura ambiente mientras cocina las truchas.

Unte las truchas con el aceite y sazone con la pimienta de Sichuan machacada y sal al gusto. Disponga las truchas sobre una bandeja y hágalas a la parrilla unos 5 o 6 minutos por cada lado, o hasta que queden bien cocidas. Déjelas reposar un momento, decórelas con cebollino picado y sírvalas con la salsa de pepino y unas cuñas de limón.

Para preparar trucha con aliño de almendra picada,

unte las truchas con 1 cucharada de aceite de oliva y salpiméntelas al gusto. Mientras cocina el pescado tal y como se indica en la receta, ponga 125 g de almendras picadas en un cazo y tuéstelas ligeramente, a fuego medio, mientras remueve. Retire el cazo del fuego, añada 6 cucharadas de aceite de oliva, 4 cucharadas de jugo de limón, 2 cucharadas de perejil picado, sal y pimienta al gusto. Remueva bien y vuelva a colocarlo al fuego unos 2 minutos. Vierta la salsa sobre las truchas, decórelas con perejil y sírvalas inmediatamente.

pastel de verano con gambas y pescado

4 raciones
tiempo d preparación
10 minutos
tiempo de cocción
20-25 minutos

750 g de **filetes de pescado blanco** sin piel
100 g de **gambas congeladas cocidas** peladas, previamente descongeladas
100 g de **guisantes congelados**, previamente descongelados
la ralladura y el jugo de 1 **limón**
600 ml de **bechamel** envasada
un **manojo de eneldo**, picado
8 **láminas de masa** *filo*
mantequilla derretida
para pintar la masa
sal y pimienta

Corte el pescado en trozos pequeños y póngalos en un cuenco, junto con las gambas y los guisantes. Añada la ralladura de limón, mezcle con la bechamel y el eneldo y salpimiente generosamente.

Vierta la preparación de pescado en 4 moldes individuales para gratinar. Cubra la superficie de cada uno de ellos con dos láminas de pasta *filo*, pellizque con suavidad cada una hasta formar una ligera arruga y pinte la masa con la mantequilla.

Hornee el pastel a 200 °C, de 20 a 25 minutos, o hasta que la superficie esté dorada y el pescado bien hecho.

Para preparar pastel de marisco y patata, prepare la mezcla de pescado como se indica en la receta, pero sustituya el eneldo por 2 cucharadas de perejil picado y ponga la preparación en una bandeja de horno. Cueza 800 g de patatas troceadas en una cacerola grande llena de agua hirviendo con sal, hasta que estén tiernas. Mientras, ponga dos huevos en un cazo aparte; hiérvalos durante 10 minutos y después refrésquelos en agua fría. Pélelos y córtelos por la mitad. Escurra las patatas, aplástelas junto con 2 cucharadas de mantequilla y salpimiéntelas generosamente. Coloque las mitades de huevo, repartidas uniformemente, en la mezcla de pescado y, con la ayuda de una cuchara, extienda el puré de patatas por encima. Introduzca el pastel en el horno, precalentado a 200 °C, de 20 a 25 minutos, o hasta que la superficie esté ligeramente dorada.

langostinos cremosos al curry

4 raciones
tiempo de preparación
   10 minutos
tiempo de cocción
   unos 10 minutos

2 cucharadas de **aceite vegetal**
1 **cebolla**, cortada por la mitad
   y en rodajas finas
2 **dientes de ajo**, bien picados
un trozo de **jengibre fresco**
   de 2,5 cm, pelado
   y troceado fino
1 cucharada de **cilantro** en polvo
1 cucharada de **comino** en polvo
½ cucharadita de **cúrcuma**
200 ml de **leche de coco**
125 ml de **caldo vegetal**
600 g de **langostinos** cocidos
   congelados y pelados,
   previamente descongelados
la ralladura y el jugo de **1 lima**
4 cucharadas de **hojas**
   de cilantro muy picadas
sal y pimienta

Caliente el aceite en una cacerola grande; añada la cebolla, el ajo y el jengibre y rehogue 4 o 5 minutos. Agregue el cilantro en polvo, el comino y la cúrcuma y saltéelo, sin dejar de remover, durante 1 minuto.

Vierta la leche de coco y el caldo vegetal y llévelos a ebullición Baje el fuego y cueza a fuego lento 2 o 3 minutos. Incorpore los langostinos y el jugo de lima y continúe con la cocción 2 minutos más, o hasta que los langostinos se hayan calentadc.

Agregue el cilantro picado, remueva bien y salpimiente generosamente. Sírvalos inmediatamente, acompañados de arroz *basmati* hervido o arroz tailandés jazmín.

Para preparar arroz de coco con especias, y servirlo con los langostinos, enjuague en agua fría 375 g de arroz *basmati* hasta que ésta salga clara. Escúrralo y póngalo en una cacerola grande de base gruesa. Disuelva 125 g de pasta de coco en 750 ml de agua hirviendo y viértala sobre el arroz, junto con un tallo de hierba limonera abierto por la mitad, 2 trozos de canela en rama de unos 2,5 cm cada uno, 1 cucharadita de sal y pimienta al gusto. Lleve el arroz al punto de ebullición, tápelo y cuézalo durante 10 minutos, o hasta que haya absorbido casi todo el líquido. Apague el fuego y déjelo reposar durante 10 minutos, hasta que el arroz esté tierno. Espónjelo con un tenedor antes de servirlo.

salmón rojo con hortalizas asadas

4 raciones
tiempo de preparación
10 minutos
tiempo de cocción **25 minutos**

1 **berenjena**, en trozos pequeños
2 **pimientos rojos**, sin corazón
  ni semillas, cortados en trozos
  pequeños
2 **cebollas rojas**, en cuartos
1 **diente de ajo**, majado
4 cucharadas de **aceite de oliva**
una pizca de **orégano seco**
200 g de **salmón rojo**
  en conserva, escurrido
  y desmenuzado
100 g de **aceitunas negras**
  sin hueso
sal y pimienta
hojas de albahaca, para decorar

Mezcle en un cuenco la berenjena, los pimientos rojos, las cebollas, el ajo, el aceite y el orégano y salpimiente.

Extienda las verduras, en una única capa, sobre una bandeja antiadherente e introdúzcalas en el horno, precalentado a 220 °C, durante unos 25 minutos, hasta que estén hechas.

Páselas a una fuente caliente y mézclelas con cuidado con el salmón y las aceitunas. Sirva el plato tibio o a temperatura ambiente, decorado con hojas de albahaca.

Para preparar cuscús con roqueta y pepino, como acompañamiento del salmón con hortalizas, ponga 200 g de cuscús instantáneo en un recipiente grande, resistente al calor. Salpimiente generosamente y vierta agua hirviendo justo hasta cubrir el cuscús. Tape y déjelo reposar de 10 a 12 minutos, hasta que absorba toda el agua. Mientras, pique 4 cebolletas, corte por la mitad, retire las semillas a ½ pepino y píquelo, y trocee 75 g de roqueta. Esponje los granos de cuscús con un tenedor y póngalo en un plato de servir caliente. Mezcle las hortalizas con 2 cucharadas de aceite de oliva y 1 cucharada de jugo de limón e incorpórelas al cuscús.

espaguetis Niza con atún

4 raciones

tiempo de preparación
10 minutos

tiempo de cocción **10 minutos**

4 **huevos**

350 g de **espaguetis secos**

3 latas de **atún en salmuera**, de
200 g cada una, escurrido

100 g de **judías verdes**, limpias
y blanqueadas

50 g de **aceitunas kalamata**, sin
hueso

100 g de **tomates semisecos**

1 cucharadita de **ralladura
de limón**

2 cucharadas de **jugo de limón**

3 cucharadas de **alcaparras**

sal y pimienta

Ponga los huevos en un cazo con agua fría y llévelos
a ebullición. Cuézalos 10 minutos y páselos por agua fría.
Pélelos, trocéelos y resérvelos.

Mientras tanto, cueza la pasta en una cacerola grande con
agua hirviendo con sal, según las instrucciones del paquete
o hasta que esté al dente.

Mezcle en un cuenco el atún, las judías verdes, las aceitunas,
los tomates, la ralladura de limón y las alcaparras y sazone con
pimienta al gusto.

Escurra la pasta e introdúzcala de nuevo en la cacerola. Añada
la preparación de atún y remueva con cuidado para que los
ingredientes se fusionen. Sírvala inmediatamente junto con
los huevos.

Para preparar arroz con atún, guisantes y maíz dulce,
cueza 200 g de arroz *basmati* en una cacerola grande con
agua hirviendo con un poco de sal, de 12 a 15 minutos, o hasta
que esté tierno. Escúrralo, refrésquelo bajo el grifo y escúrralo
de nuevo. Mientras, cueza los huevos como se indica en la
receta, pélelos y córtelos en cuartos. En una cacerola aparte
llena de agua con sal, hierva durante 5 minutos 100 g de maíz
dulce y 100 g de guisantes, ambos congelados. Escúrralos,
refrésquelos bajo el grifo y vuelva a escurrirlos. Mezcle
en un cuenco grande el arroz, los guisantes y el maíz
junto con el atún y las aceitunas, como en la receta. Añada
también 2 cucharadas de albahaca picada. Bata 2 cucharadas
de jugo de limón con 1 cucharada de aceite de oliva y 1 ajo
majado, y vierta el aliño sobre el arroz; incorpore bien. Sirva el
plato adornado con los cuartos de huevo.

sardinas a la plancha al estilo marroquí

4 raciones
tiempo de preparación
  10 minutos
tiempo de cocción **6-8 minutos**

12 **sardinas**, limpias
  y sin vísceras
2 cucharadas de *harissa*
2 cucharadas de **aceite de oliva**
el jugo de 1 **limón**
sal en escamas y pimienta
cilantro picado, para decorar
unas rodajas de **limón**,
  para servir

Caliente la parrilla a potencia máxima. Enjuague las sardinas y séquelas con papel de cocina. Con la ayuda de un cuchillo afilado, realice 3 incisiones profundas en cada una por ambos lados.

Mezcle la *harissa* con el aceite y el jugo de limón, hasta formar una pasta fina. Unte las sardinas por ambos lados y dispóngalas en una bandeja de horno ligeramente engrasada con aceite. Hágalas en la parrilla durante 3 o 4 minutos por cada lado (el tiempo puede variar en función de su tamaño), hasta que estén bien hechas. Sazone al gusto con sal en escamas y pimienta y sírvalas de inmediato, decoradas con cilantro y cuñas de limón (para rociarlas con un chorrito).

Para preparar sardinas asadas con pesto, cubra una bandeja resistente al calor con 2 tomates y 2 cebollas cortados en finísimas rodajas. Prepare las sardinas como se explica en la receta, extienda 4 cucharadas de pesto sobre el pescado y dispóngalas, en una sola capa, sobre los tomates y la cebolla. Cúbralas con papel de aluminio e introdúzcalas en el horno, precalentado a 200 °C, durante 20 o 25 minutos, o hasta que estén bien hechas.

mejillones con coco al estilo tailandés

4 raciones
tiempo de preparación
  20 minutos
tiempo de cocción
  unos 10 minutos

2 kg de **mejillones frescos vivos**
600 ml de **caldo vegetal**
400 ml de **leche de coco**
la ralladura y el jugo de 2 **limas**
2 **tallos de hierba limonera**,
  ligeramente majados,
  y unos cuantos más
  para decorar (opcional)
1 cucharada de **pasta
  tailandesa de curry verde**
3 **guindillas rojas**, sin semillas
  y cortadas en rodajas finas
4 cucharadas de **hojas
  de cilantro** picadas,
  y unas cuantas más
  para decorar (opcional)
2 **cebolletas** ralladas
sal y pimienta
1 **guindilla roja**, sin semillas
  y bien picada, para decorar
  (opcional)

Lave los mejillones con agua fría y límpielos bien. Retire los que tengan las valvas rotas o aquellos que al tocarlos no se cierren.

Vierta el caldo y la leche de coco en una cacerola grande y llévelo a ebullición. Incorpore la ralladura y el jugo de lima, la hierba limonera, la pasta de curry, las guindillas, el cilantro y las cebolletas. Salpimiente al gusto.

Añada los mejillones, tape la cacerola y hiérvalos durante 3 o 4 minutos. Deseche los mejillones que estén cerrados. Utilice una espumadera para repartir los mejillones entre 4 cuencos de servir y manténgalos calientes hasta que haya concluido la receta.

Hierva el líquido a fuego fuerte y mantenga el hervor 5 minutos o hasta que la salsa se reduzca. Cuélela con un tamiz fino y viértala sobre los mejillones. Decore los platos con guindilla roja, hojas de cilantro picadas, y unas ramitas de hierba limonera.

Para preparar una pasta tailandesa de curry verde, triture los siguientes ingredientes, con ayuda del robot de cocina: 15 guindillas pequeñas, 4 dientes de ajo cortados por la mitad, 2 tallos de hierba limonera bien picados, 2 hojas de lima partidas, 2 escalonias picadas, 50 g de hojas, tallos y raíces de cilantro, 1 trozo de 2,5 cm de jengibre fresco pelado y bien picado, 2 cucharaditas de pimienta negra en grano, 1 cucharadita de ralladura de lima, ½ cucharadita de sal y 1 cucharada de aceite de cacahuete. Bata bien hasta que adquiera una consistencia de pasta gruesa. También puede majarlo en un mortero, e incorporar el aceite al final. Ponga la pasta en un recipiente hermético y consérvela en el frigorífico un máximo de 3 semanas.

postres

piña con jarabe de lima y guindilla

4 raciones
tiempo de preparación
10 minutos, más tiempo
de refrigerado
tiempo de cocción **10 minutos**

100 g de **azúcar**
100 ml de **agua**
3 **guindillas rojas**
la ralladura y el jugo de 1 **lima**
1 **piña mini**, cortada por la mitad
o en cuartos y en finísimas
láminas

Poga el azúcar en una cacerola, junto con el agua. Caliente a fuego lento hasta que el azúcar se haya disuelto y, a continuación, añada las guindillas, llévelo a ebullición y hierva a fuego fuerte hasta que el líquido se haya convertido en jarabe. Déjelo enfriar.

Mezcle la ralladura y el jugo de limón con el jarabe ya frío. Disponga las láminas de piña en una bandeja y vierta el jarabe por encima. Sírvala acompañada de una bola de helado, si lo desea.

Para preparar peras con jarabe de canela, pele 4 peras maduras, córtelas en 4 trozos y retire las semillas. Póngalas en una cacerola, agregue agua hasta cubrirlas y añada el azúcar, como se indica en la receta, junto con la ralladura y el jugo de 1 limón, 1 trozo de canela en rama y 6 clavos. Cueza a fuego lento, removiendo de vez en cuando, durante 10 minutos, o hasta que la fruta se haya ablandado. Retire las peras con una espumadera y resérvelas. Lleve el líquido a ebullición y hierva a fuego fuerte hasta que se haya convertido en jarabe. Déjelo enfriar y viértalo sobre las peras.

gofres con frutas del bosque

4 raciones
tiempo de preparación
   5 minutos
tiempo de cocción **1-2 minutos**

15 g de **mantequilla**
250 g de **frutas del bosque**,
   como arándanos, moras
   y frambuesas
1 cucharada de **azúcar en polvo**
2 cucharadas de **Kirsch**
4 **gofres**
4 cucharadas de *crème fraîche*

Derrita la mantequilla en una sartén antiadherente, añada las frutas del bosque, el azúcar y el Kirsch y cueza a fuego fuerte, sin dejar de remover con mucho cuidado, durante 1 o 2 minutos.

Mientras tanto, tueste o caliente los gofres, según se indica en las instrucciones del paquete. Coloque cada gofre en un plato de postre y, con la ayuda de una cuchara, disponga las bayas por encima. Corónelos con una cucharada de *crème fraîche* y sírvalos inmediatamente.

Para preparar gofres caseros, tamice en un cuenco 125 g de harina, 1 cucharadita de levadura y una pizca de sal. Abra un hueco en el centro y, poco a poco, incorpore 2 huevos batidos y 150 ml de leche hasta obtener una pasta gruesa y homogénea. Justo antes de cocerla, mézclela con 3 cucharadas de mantequilla derretida, pero ya a temperatura ambiente. Caliente la plancha para gofres (ligeramente engrasada, si lo considera necesario); vierta sobre cada molde la cantidad recomendada, ciérrela y cueza 1 minuto por cada lado. Levante la tapa y retire los gofres. Repita la operación hasta que acabe toda la pasta.

tartaletas de albaricoque

4 raciones
tiempo de preparación
  15 minutos
tiempo de cocción
  20-25 minutos

375 g de **pasta de hojaldre**,
  previamente descongelada
  si estaba congelada
100 g de **mazapán**
12 **albaricoques de lata**,
  escurridos y cortados
  por la mitad
azúcar mascabado,
  para espolvorear
mermelada de albaricoque,
  para glasear

Utilice un plato pequeño a modo de plantilla y corte 4 círculos de pasta de hojaldre, de unos 8 cm de diámetro, y, con la ayuda de un cuchillo afilado, perfile una línea a 1 cm de distancia del borde de cada uno de ellos.

Estire el mazapán hasta que alcance unos 2,5 cm de grosor y corte 4 discos, de manera que encajen en los círculos de pasta. Coloque los hojaldres en una fuente de horno, introduzca el mazapán en el centro de cada uno de ellos y ponga 3 mitades de albaricoque, con la parte cortada hacia arriba. Espolvoree cada albaricoque con un poco de azúcar.

Introduzca la fuente en la parte inferior del horno precalentado (esta disposición ayuda a que la base del hojaldre quede crujiente) y hornee de 20 a 25 minutos, hasta que la pasta haya aumentado de tamaño y se haya dorado y los albaricoques estén ligeramente caramelizados en los lados. Mientras las tartaletas aún estén calientes, píntelas con la mermelada y sírvalas inmediatamente.

Para preparar tartaletas de plátano con mascarpone al ron, siga las instrucciones de la receta, pero sustituya los albaricoques por 2 plátanos cortados en rodajas finas. Mientras las tartaletas se estén horneando, mezcle en un cuenco 4 cucharadas de queso mascarpone, 2 cucharadas de ron y la misma cantidad de azúcar mascabado. Con la ayuda de una cuchara, deposite la mezcla sobre las tartaletas y sírvalas inmediatamente.

suflés calientes de frutas del bosque

4 raciones
tiempo de preparación
   10 minutos
tiempo de cocción **15 minutos**

15 g de **mantequilla**
100 g de **azúcar**
50 g de **moras**
200 g de **frambuesas**
4 **claras de huevo grandes**
azúcar de lustre, para
   espolvorear (opcional)

Utilice la mantequilla para engrasar 4 moldes de 200 ml. A continuación, espolvoree con un poco de azúcar y mueva el molde, dando pequeños golpecitos, de manera que se quede adherido a la mantequilla. Retire el azúcar sobrante y coloque los moldes en una bandeja de horno.

Triture las moras y las frambuesas con la ayuda de una batidora y reserve unas cuantas para decorar. Vierta el puré en un cuenco. También puede pasar las bayas por un colador fino para elaborar un puré suave.

Monte las claras de huevo a punto de nieve, sin que queden del todo compactas, en un cuenco grande bien limpio. Poco a poco, vaya añadiendo el resto del azúcar, sin dejar de batir, hasta que las claras estén densas y brillantes.

Incorpore las claras a punto de nieve al puré de moras y frambuesas y reparta la mezcla entre los 4 moldes. Introdúzcalos en el horno, precalentado a 190 °C, durante 15 minutos.

Espolvoree los suflés con azúcar de lustre y decórelos con unas cuantas frutas del bosque enteras. Sírvalos inmediatamente, acompañados de natillas o helado, si lo desea.

Para preparar unas natillas caseras, y servirlas como acompañamiento, caliente a fuego lento en una cacerola 300 ml de leche sin que llegue a hervir. Mientras, bata 2 yemas de huevo en un cuenco, junto con 1 cucharada de azúcar y unas gotas de extracto de vainilla. Incorpore la leche mientras remueve. Vierta la mezcla en la cacerola y cueza a fuego lento, sin dejar de remover, hasta que las natillas hayan espesado lo suficiente como para recubrir el dorso de la cuchara. Sírvalas, junto con los suflés.

copas de tarta de queso y fresas

4 raciones
tiempo de preparación
   15 minutos, más tiempo
   de enfriado y refrigerado
tiempo de cocción **5 minutos**

25 g de **mantequilla**
5 **galletas digestive**
175 g de **fresas**
2 cucharadas de **azúcar**
250 g de **queso mascarpone**
4 cucharadas de **crema**
   de leche espesa
4 cucharadas de **azúcar de**
   lustre
la ralladura y el jugo de 1 **limón**

Derrita la mantequilla en una cacerola pequeña y, con la batidora o el robot de cocina, mézclela con las galletas hasta formar una pasta de migas. Repártala entre 4 vasos de cristal o copas y presione bien la pasta en la base. Introdúzcalas en la nevera.

Mientras tanto, ponga las fresas junto con el azúcar en una cacerola, cuézalas, sin dejar de remover, durante 2 o 3 minutos y déjelas enfriar. Mezcle en un cuenco el mascarpone, la crema de leche, el azúcar de lustre y la ralladura y el jugo de limón.

Llene las copas con la crema al mascarpone y complételas con una capa de fresas. Refrigere el postre durante 2 o 3 horas antes de servirlo.

Para preparar copas de tarta de queso con frambuesa y jengibre, siga los pasos de la receta, pero sustituya las digestive por galletas de jengibre, utilice frambuesas en vez de fresas y 1 yogur griego en lugar de mascarpone. Corónelas con 1 cucharadita de jengibre en almíbar picado por encima.

galletas de nuez y chocolate blanco

25 galletas
tiempo de preparación
15 minutos, más tiempo
de refrigerado
tiempo de cocción
12-15 minutos

1 **huevo**
150 g de **azúcar moreno**
2 cucharadas de **azúcar**
blanquilla
1 cucharadita de **extracto**
de vainilla
125 ml de **aceite vegetal**
65 g de **harina**
3 cucharadas de **harina**
bizcochona
¼ de cucharadita de **canela**
en polvo
25 g de **coco rallado**
175 g de **nueces** tostadas
y picadas
125 g de **pepitas de chocolate**
blanco

Engrase 2 bandejas de horno y fórrelas con papel antiadherente para hornear. Bata en un cuenco el huevo, junto con los dos tipos de azúcar, hasta que quede ligero y cremoso. Añada el extracto de vainilla y el aceite, tamice las harinas y la canela, agregue el coco rallado, las nueces y el chocolate y mezcle muy bien con una cuchara de madera.

Forme pequeñas bolitas (tomando como medida una cucharada de la preparación) y colóquelas en las bandejas preparadas, aplastando la pasta con la yema de los dedos si se desmoronara. Introdúzcalas en el horno, precalentado a 180 °C, de 12 a 14 minutos, o hasta que estén doradas. Déjelas enfriar ligeramente en las bandejas y, a continuación, páselas a una rejilla de metal para que se enfríen del todo.

Para preparar galletas de avellana y chocolate, siga el procedimiento de la receta, pero sustituya la canela por ½ cucharadita de jengibre molido, las nueces por avellanas tostadas y picadas y el chocolate blanco por pepitas de chocolate negro.

copas de higos y miel

4 raciones
tiempo de preparación
10 minutos, más tiempo
de refrigerado

6 **higos frescos** maduros,
en rodajas, y 2 higos más
cortados en gajos para
decorar (opcional)
450 ml de **yogur griego**
4 cucharadas de **miel clara**
2 cucharadas de **pistachos**
picados

Disponga con gracia las rodajas de higo en la parte inferior de cuatro copas o cuencos de vidrio. Vierta el yogur por encima y enfríe las copas en la nevera de 10 a 15 minutos.

Rocíe cada postre con una cucharada de miel y esparza pistachos picados justo antes de servirlos. Si lo desea, también puede decorarlos con unas cuñas de higo.

Para preparar higos calientes con miel, caliente una plancha, añada 8 higos frescos maduros y cuézalos durante 8 minutos, dándoles la vuelta de vez en cuando, hasta que estén tostados. Si lo prefiere, también puede hacerlos a la parrilla. Retírelos y córtelos por la mitad. Repártalos entre 4 platos de postre, corone cada ración con una cucharada de yogur griego y rocíe con un hilillo de miel clara por encima.

migas de ruibarbo

4 raciones
tiempo de preparación
10 minutos
tiempo de cocción
20-25 minutos

400 g de **ruibarbo**, troceado
6 cucharadas de **azúcar moreno**
la ralladura y el jugo de **1 naranja**
100 g de **copos de avena**
6 cucharadas de **crema
de leche espesa**
2 cucharadas de **azúcar
mascabado oscuro**

Mezcle el ruibarbo, el azúcar moreno, toda la ralladura y la mitad del jugo de naranja en un cuenco y viértalo en 4 moldes individuales.

Ponga en un cuenco los copos de avena, la crema de leche, el azúcar mascabado oscuro y el resto del jugo de naranja e incorpore bien todos los ingredientes. Vierta la preparación a cucharadas sobre el ruibarbo.

Coloque los moldes en una bandeja e introdúzcalos en el horno, precalentado a 180 °C, de 20 a 25 minutos, hasta que la superficie esté dorada. Sirva las migas calientes.

Para preparar *crumble* **de manzana y moras**, pele dos manzanas reinetas, retíreles el corazón y píquelas. Mézclelas con 100 g de moras, 6 cucharadas de azúcar moreno y 1 cucharada de jugo de manzana y ponga la preparación en los moldes, como se indica en la receta. Tamice en un cuenco 125 g de harina, añada 50 g de mantequilla cortada en dados y mézclelas con las yemas de los dedos hasta que parezca pan rallado grueso. Agregue 50 g de azúcar mascabado oscuro, 25 g de copos de salvado y 50 g de frutos secos picados, y remueva bien. Vierta la preparación a cucharadas sobre la fruta y aplánela ligeramente con el dorso de una cuchara. Hornee de la misma manera que en la receta, hasta que la superficie esté ligeramente dorada.

cookies con pepitas de chocolate

16 cookies
tiempo de preparación
10 minutos, más tiempo
de refrigerado
tiempo de cocción **15 minutos**

125 g de **mantequilla sin sal**,
en dados y ablandada
175 g de **azúcar moreno**
1 cucharadita de **extracto
de vainilla**
1 **huevo**, ligeramente batido
1 cucharada de **leche**
200 g de **harina**
1 cucharadita de **levadura**
250 g de **pepitas
de chocolate negro**

Forre una bandeja de horno grande con papel para hornear antiadherente. Mezcle en un recipiente grande la mantequilla con el azúcar hasta que adquiera una consistencia ligera y esponjosa. Añada el extracto de vainilla e incorpore el huevo poco a poco, mientras remueve. A continuación, agregue la leche y vuelva a mezclar.

Tamice en un cuenco aparte la harina y la levadura e incorpórelas con la preparación de huevo y la mantequilla. Finalmente, agregue las pepitas de chocolate.

Vierta cucharadas rasas de mezcla sobre la bandeja del horno preparada, dejando una distancia de unos 3,5 cm entre cada galleta y presiónelas ligeramente con la ayuda de un tenedor enharinado. Introdúzcalas en el horno, precalentado a 180 °C, durante 15 minutos, o hasta que estén ligeramente doradas. Páselas a una rejilla de metal para que se enfríen.

Para preparar un tronco de chocolate y mandarina, escurra 300 g de gajos de mandarina de lata y córtelos en trozos (reserve unos cuantos gajos enteros para decorar). Mezcle en un cuenco 300 ml de crema de leche espesa con 25 g de azúcar de lustre hasta que espese, e incorpore los trozos de mandarina. Apile las cookies de chocolate (una sobre la otra) untándolas con la mitad de la crema de mandarina. A continuación, con sumo cuidado, colóquelas y envuelva el tronco resultante en papel de aluminio. Refrigérelo en la nevera durante al menos 2 o 3 horas o incluso toda la noche. Justo antes de servirlo, coloque el tronco en una bandeja, cubierto con el resto de la crema de mandarina y decorado con los gajos que ha reservado. Sírvalo cortado en rodajas en diagonal.

tarta de hojaldre con plátano caramelizado

4 raciones
tiempo de preparación
10 minutos
tiempo de cocción
15-20 minutos

3 **plátanos** en rodajas
375 g de **pasta de hojaldre**,
  previamente descongelada,
  si estaba congelada
1 **huevo**, batido
3 cucharadas de **azúcar**
  terciado
300 ml de **crema de leche**
  para montar (opcional)

Corte los plátanos por la mitad en horizontal. Desenrolle la pasta hasta formar un cuadrado de 20 cm de lado y corte éste en 4 partes iguales. Colóquelas en una bandeja de horno y trace un marco a 1 cm de distancia de los bordes de cada cuarto de hojaldre. Ponga los plátanos (con la parte cortada hacia arriba) dentro del recuadro y pinte los bordes con el huevo batido. Espolvoree los plátanos con el azúcar.

Introduzca las tartas en el horno, precalentado a 200 °C, de 15 a 20 minutos, hasta que el hojaldre haya aumentado de tamaño y los plátanos estén caramelizados. Sirva la tarta caliente, acompañada de crema de leche montada.

Para preparar crema de leche montada con licor de café y canela, como otro posible acompañamiento de la tarta, monte en un cuenco 200 ml de crema de leche espesa. A continuación, mézclela con 2 cucharaditas de canela en polvo y 2 cucharadas de Baileys o cualquier crema de licor de café.

torta de dátiles y chocolate

4 raciones
tiempo de preparación
   10 minutos, más el tiempo
   de refrigerado
tiempo de cocción **30 minutos**

100 g de **almendras laminadas**
125 g de **chocolate negro,**
   ligeramente picado
125 g de **dátiles secos**
   deshuesados
3 **claras de huevo**
125 g de **azúcar,** y dos
   cucharadas más para
   la cobertura
125 ml de **crema de leche**
   para montar
cacao en polvo, para decorar

Engrase un molde desmontable y fórrelo con papel antiadherente para hornear. Triture las almendras y el chocolate con la ayuda de un robot de cocina. Corte los dátiles en pequeñísimos trozos con un cuchillo.

Monte las claras de huevo a punto de nieve en un cuenco grande. Poco a poco, añada 125 g de azúcar y continúe batiendo hasta que se disuelva. Incorpore la mezcla de almendras y chocolate y, a continuación, los dátiles. Vierta la preparación en el molde y nivele la superficie.

Introduzca la torta en el horno, precalentado a 180 °C, durante 30 minutos. Deje que se enfríe antes de desmoldarla y colocarla en un plato de servir.

Monte la crema de leche junto con 2 cucharadas de azúcar. Con la ayuda de una espátula, extienda la crema montada sobre toda la superficie de la torta y sírvala cortada en pequeñas porciones y espolvoreada de cacao.

Para preparar *muffins* con cobertura de chocolate y dátiles, vierta la mezcla de chocolate (propuesta en la receta anterior) en 12 moldes grandes para magdalenas, forrados con fundas de papel, e introdúzcalos en el horno, precalentado a 180 °C, de 20 a 25 minutos. Cuando los *muffins* o magdalenas ya estén cocidos, colóquelos a una rejilla de metal para que se enfrien; derrita al baño María 75 g de chocolate negro picado junto con 40 g de mantequilla. Mientras, tueste 4 cucharadas de almendras laminadas en una sartén seca, moviendo constantemente, hasta que estén doradas. Remueva la mezcla de chocolate, viértala sobre las magdalenas y esparza unas cuantas almendras. Déjelas reposar hasta que la cobertura se solidifique.

bizcochitos

14 bizcochitos
tiempo de preparación
   15 minutos, más tiempo
   de enfriado
tiempo de cocción **12 minutos**

3 **huevos**
100 g de **azúcar**
150 g de **harina**
100 g de **mantequilla sin sal**,
   derretida
la ralladura de 1 **limón**
la ralladura de 1 **naranja**

Unte una bandeja de moldes para bizcochitos con la mantequilla derretida, espolvoree con harina y sacúdala suavemente para retirar el exceso de harina.

Bata los huevos junto con el azúcar en un cuenco hasta que se forme una crema gruesa y pálida y, al levantar el batidor, se desprenda un hilillo. Tamice la harina e incorpórela poco a poco a la mezcla de huevo. Agregue la mantequilla derretida y las ralladuras de limón y naranja. Vierta la masa en los moldes, sin llenarlos completamente para que los bizcochitos puedan aumentar de tamaño.

Hornee a 200 °C, durante 12 minutos, hasta que estén dorados y esponjosos. Retírelos de los moldes y déjelos enfriar sobre una rejilla de metal.

Para preparar tarta borracha al jerez de forma rápida, cubra la base de una fuente para postres con los bizcochitos y rocíelos con 2-3 cucharadas de jerez dulce. Coloque una capa de 300 g de frutas del bosque y después 200 ml de natillas. Monte 200 ml de crema de leche espesa y dispóngala sobre las natillas con ayuda de una manga pastelera o una cuchara. Cubra el postre y déjelo enfriar en la nevera durante 2 o 3 horas antes de servirlo.

syllabub de coco con crujiente de almendras

4 raciones

tiempo de preparación
15 minutos, más tiempo
de enfriado y refrigerado
tiempo de cocción
unos 10 minutos

100 g de **azúcar**
50 g de **almendras tostadas, laminadas**

para el *syllabub*
200 ml de **leche de coco**
300 ml de **crema de leche espesa**
15 **semillas de cardamomo**, bien majadas
2 cucharadas de **azúcar**

Caliente el azúcar granulado y las almendras en una cacerola a fuego suave para preparar el crujiente de almendras. Mientras el azúcar se derrite, engrase ligeramente una fuente de horno. Cuando el azúcar ya esté listo y tenga un color dorado, ponga la mezcla sobre la bandeja y deje que se enfríe.

Vierta la leche de coco y la crema de leche en un cuenco grande para preparar el *syllabub*. Añada las semillas de cardamomo machacadas y el azúcar, y bátalo ligeramente justo hasta que quede a punto de nieve.

Reparta el *syllabub* entre 4 copas e introdúzcalas en la nevera para que se enfríen. Mientras, parta el crujiente de almendras en trozos irregulares. Cuando esté preparado para servir, adorne el *syllabub* con un poco del crujiente por encima y el resto a un lado de la copa.

Para preparar *syllabub* de limón, ponga la ralladura y el jugo de 1 limón en un cuenco, junto con 125 ml de vino blanco y 40 g de azúcar. Tápelo y déjelo macerar 1 hora. Monte 300 ml de crema de leche espesa; a continuación, vaya añadiendo poco a poco el macerado de vino y continúe batiendo hasta que adquiera una consistencia densa. En un cuenco aparte, bata una clara de huevo a punto de nieve e incorpore 40 g de azúcar. Mézclelo con la preparación de crema y repártalo entre 4 copas. Enfríe el postre en el frigorífico antes de servirlo.

galletas de limón

18-20 galletas
tiempo de preparación
15 minutos, más tiempo
de enfriado
tiempo de cocción
15-20 minutos

125 g de **mantequilla sin sal**,
en dados y ablandada
125 g de **azúcar**
2 **yemas de huevo**
2 cucharaditas de **ralladura
de limón**
150 g de **harina**
100 g de **harina de maíz gruesa**
una pizca de **azafrán**, para
espolvorear (opcional)
azúcar de lustre, para
espolvorear las galletas

Forre una bandeja de horno con papel antiadherente para cocinar. Bata en un cuenco la mantequilla con el azúcar hasta que se forme una pasta ligera y suave. Mézclela con las yemas de huevo, la ralladura de limón y las harinas y forme una masa blanda.

Extienda la masa sobre una superficie ligeramente enharinada hasta que tenga un grosor de 1 cm más o menos. Con la ayuda de un cortador de unos 6 cm de diámetro, forme círculos (para aprovechar al máximo la pasta, junte los recortes, amase, extienda y vuelva a recortar). Disponga las galletas en la fuente preparada, espolvoree con azafrán (si lo desea) y hornéelas a 160 °C de 15 a 20 minutos, o hasta que estén ligeramente doradas. Trasládelas a una rejilla metálica para que se enfríen y espolvoree con azúcar de lustre.

Para preparar pastelitos de queso y limón sin hornear, triture toscamente 10 galletas elaboradas según la receta anterior y colóquelas en la base de 4 cuencos o copas de postre. Mezcle 300 g de crema de queso con la ralladura y el jugo de 1 limón, 150 g de azúcar y 150 ml de crema de leche espesa. Vierta la preparación en los recipientes y deje que se enfríen en la nevera durante 1 o 2 horas antes de servirlos.

mousse de naranja y limón

4 raciones

tiempo de preparación
   15 minutos, más tiempo
   de refrigerado

300 ml de **crema de leche
   espesa**
la ralladura y el jugo de 1 **limón**,
   y un poco más de corteza
   cortada en finísimas tiras
   para decorar
la ralladura y el jugo de
   ½ **naranja** y un poco más
   de corteza cortada en finísimas
   tiras para decorar
65 g de **azúcar en polvo**
2 **claras de huevo**

Bata la crema de leche, la ralladura de naranja y limón, y el azúcar en un cuenco grande hasta que la mezcla comience a espesar. Añada los jugos de naranja y limón y continúe batiendo.

Monte las claras a punto de nieve en un cuenco aparte e incorpórelas a la preparación de cítricos. Vierta la *mousse* en 4 copas y refrigérela en la nevera. Antes de servirla, decórela con las tiras de corteza de naranja y limón.

Para preparar una *mousse* de frambuesa, con la ayuda de un robot de cocina o una batidora, triture 200 g de frambuesas y, a continuación, pase el puré por un colador fino. Bata en un cuenco grande la crema de leche y el azúcar como se indica en la receta hasta que la mezcla comience a espesar, añada el puré frambuesas y continúe batiendo. Prosiga según se ha mencionado, pero decore las copas con frambuesas enteras y una capa de virutas de chocolate negro, que habrá rallado de una tableta con la yuda de un pelador de verduras de hoja giratoria.

dulce de mango y fruta de la pasión

4 raciones
tiempo de preparación
   15 minutos, más tiempo
   de refrigerado

2 **mangos maduros**, pelados
   y sin hueso
1 cucharada de **menta** picada
el jugo de ½ **lima**
250 ml de **crema de leche**
   espesa
250 ml de **yogur griego**
2 **frutas de la pasión**

Corte un mango de dados y mézclelo con la menta. Distribuya casi la mitad de la preparación de mango entre 4 cuencos pequeños, reservando una escasa cantidad para decorar.

Triture el resto del mango junto con el jugo de lima, con la ayuda de un robot de cocina o una batidora, hasta obtener un puré.

Monte la crema de leche a punto de nieve en un cuenco y añada el yogur, sin dejar de remover. Incorpore la mezcla al puré de mango y haga remolinos hasta conferirle un aspecto veteado.

Reparta la crema entre los 4 cuencos y corónelos con los dados de mango que ha reservado. Abra por la mitad las dos frutas de la pasión, retire las semillas y espárzalas sobre cada dulce.

Para preparar dulce de melocotón y *amaretti*, sustituya el mango por 400 g de mitades de melocotón en conserva, escurridas y troceadas en dados. Mézclelo con 2 cucharadas de almendras laminadas tostadas y reparta la preparación entre 4 cuencos pequeños. Siga las instrucciones de la receta hasta llegar al último paso. Entonces, prescinda de la fruta de la pasión y corone cada postre con galletas italianas *amaretti* más o menos machacadas.

suflés de chocolate

4 raciones
tiempo de preparación
12 minutos
tiempo de cocción
unos 15 minutos

200 g de **chocolate negro**,
picado
150 g de **mantequilla**,
en dados y ablandada
6 **huevos**
175 g de **azúcar en polvo**
125 g de **harina**
azúcar de lustre,
para espolvorear

Unte con mantequilla 4 moldes de 200 ml cada uno. Derrita el chocolate junto con la mantequilla en un recipiente al baño María.

Bata los huevos y el azúcar hasta que adquieran una consistencia suave y cremosa. Tamice la harina e incorpórela a la preparación de huevos. Mezcle con el chocolate y la mantequilla.

Distribuya la crema para el suflé entre los 4 moldes engrasados e introdúzcalos en el horno, precalentado a 180 °C, de 8 a 10 minutos. Los suflés deben aumentar de tamaño y formar una corteza firme, pero, sin embargo, conservar una consistencia gelatinosa en el centro. Sírvalos espolvoreados con azúcar de lustre y acompañados de helado o crema de leche.

Para preparar helado de vainilla casero, y servirlo con los suflés, en un recipiente resistente al calor, mezcle 1 huevo, 1 yema de huevo y 40 g de azúcar. Lleve a ebullición 250 ml de crema de leche ligera y viértala sobre la preparación de huevo, removiendo con fuerza. Cuélelo y, a continuación, agregue 1-2 gotas de extracto de vainilla. Déjelo enfriar y después incorpore 150 ml de crema de leche espesa. Vierta la mezcla en un recipiente que pueda introducirse en el congelador, tápelo herméticamente y congélelo durante 1 hora. Transcurrido este tiempo, retire el helado del congelador, remueva bien y vuelva a introducirlo en el mismo, hasta que se endurezca. Páselo al frigorífico 20 minutos antes de servirlo para que se ablande.

tulipas de melocotón y frambuesa

4 raciones
tiempo de preparación
15 minutos
tiempo de cocción
8-10 minutos, más tiempo
de refrigerado

15 g de **mantequilla,** derretida
4 **láminas de pasta** *filo*,
cada una de unos 25 cm
de lado
125 ml de **crema de leche
espesa**
1 cucharada de **azúcar moreno**
2 **melocotones,** pelados,
cortados por la mitad, sin
hueso y cortados a dados
50 g de **frambuesas**
azúcar de lustre,
para espolvorear

Pinte 4 moldes hondos con la mantequilla derretida.
Corte por la mitad una lámina de pasta *filo* y después en
perpendicular para obtener 4 cuadrados del mismo tamaño.
Utilícelos para cubrir un molde de la siguiente manera:
colóquelos en ángulos ligeramente diferentes, presione
bien y, con cuidado, ajuste la masa en el molde. Repita
el proceso con el resto de la pasta para rellenar los
otros 3 moldes.

Introduzca las tulipas en el horno, precalentado a 190 °C,
de 8 a 10 minutos, o hasta que estén doradas. Con mucho
cuidado, desmóldelas y déjelas enfriar sobre una rejilla
de metal.

Monte la crema de leche y el azúcar moreno en un cuenco,
hasta que adquiera una consistencia firme. Rellene las tulipas
con esta preparación y corónelas con los melocotones
y las frambuesas. Espolvoréelas con azúcar de lustre y sírvalas
inmediatamente.

Para preparar pastelitos de fresa y arándanos, engrase
4 moldes hondos como se indica en la receta. De una
masa quebrada (previamente descongelada, si no es fresca),
corte 4 círculos lo suficientemente grandes como para llenar
los moldes. Pinche las bases con un tenedor. Introdúzcalos
a 190 °C, durante 15 minutos, o hasta que estén dorados.
Con mucho cuidado, retírelos de los moldes y déjelos enfriar
sobre una rejilla. Monte la crema de leche con 1 cucharada
de azúcar de lustre y viértala sobre la pasta quebrada.
Cubra los pastelitos con 50 g de fresas cortadas en láminas
y 50 g de arándanos. Espolvoréelos con azúcar de lustre y
sírvalos inmediatamente.

índice

WITHDRAWN

agradecimientos

Editora Ejecutiva: Nicola Hill
Editora: Ruth Wiseall
Editor artístico: Leigh Jones
Diseño: Jo Tapper
Fotografía: Stephen Conroy
Estilismo culinario: Sunil Vijayaker
Estilista de accesorios: Liz Hippisley

Fotografías especiales: © Octopus Publishing
Group Limited/Stephen Conroy
Otras fotografías: © Octopus Publishing Group
Limited/Frank Adam 57, 127; /Neil Mersh 18, 24,
30, 44, 61, 73, 77, 79, 85, 103, 109, 131, 139, 142,
171, 174, 179 182, 189, 196, 203, 207, 213, 225,
235; /William Reavell 97; /Gareth Sambridge 135.